INGO HATTERMANN

Adipositas-OP, Magen-Bypass & Schlauchmagen Kochbuch

Email: info@edition-lunerion.de
www.edition-lunerion.de

Psiana eCom UG
Berumer Str. 44
26844 Jemgum

Vorwort

Starkes Übergewicht macht Ihnen zu schaffen und das Abnehmen will einfach nicht gelingen? Deshalb spielen Sie mit dem Gedanken an eine Magen-OP? Oder ist ein bariatrischer Eingriff bereits geplant? Dann ist Ihre wichtigste Aufgabe die optimale Ernährungsumstellung – und mit diesem Buch wird's ein genussvolles Kinderspiel!

Ob Schlauchmagen, Bypass oder Magenband: Ein bariatrischer Eingriff gegen Adipositas ist nur der Startschuss in ein neues, schlankes Leben und der langfristige Erfolg hängt von Ihrer Ernährung ab. In diesem Buch finden Sie sowohl für Flüssig- und Umstellungsphase direkt nach der OP als auch für Ihre langfristige Umstellung eine Riesenauswahl an leckeren Rezepten, die optimal auf Ihre jeweiligen Bedürfnisse zugeschnitten sind und Ihnen dabei mit Geschmack, Abwechslung und besonderen Aromen die Veränderungen ganz einfach machen. Dabei kommen sowohl Fleischfreunde als auch Fischliebhaber und Veggies auf ihre Kosten – und ja: Selbst auf sündig-verlockende Dessertkreationen dürfen Sie sich auch in Zukunft noch freuen.

Guten Appetit!

INHALT

Adipositas: Der Weg aus dem Übergewicht

Der Begriff Adipositas beschreibt in der Medizin eine krankhafte Fettleibigkeit. Menschen, die einen BMI von über 30 haben, leiden unter Grad 1. Alles ab einem BMI von 35 fällt bereits unter Adipositas Grad 2. Ab einem BMI von 40 spricht man von einem besonders schweren Fall, dem Adipositas permagna.

Betroffene Personen leiden meist sehr unter dem Übergewicht. Zum einen ist der Körper schwerfälliger, sie können sich weniger bewegen, sind schnell aus der Puste und können kaum mit ihren Kindern spielen. Damit wirkt sich das Übergewicht beispielsweise auf die Psyche aus.

Doch besonders leiden tut der Körper selbst. Übergewicht ist eine Erkrankung, die zahlreiche Folgeerkrankungen mit sich bringt. Dazu zählen Diabetes mellitus, chronische Herz-Kreislauf-Erkrankungen, Störungen der Atemfunktion, Schlafapnoe, Rückenschmerzen, Gelenkschmerzen und Arthrose. Doch durch die Fettleibigkeit ist außerdem das Risiko für akute Erkrankungen wie einen Herzinfarkt oder einen Schlaganfall massiv erhöht.

Doch ein Weg aus dem Übergewicht ist oft nicht leicht. Personen, die unter Adipositas leiden, wissen, wie schwer es ist, an Gewicht zu verlieren. Das Internet und die Fachliteratur sind voll von unzähligen Tipps, Tricks,

Diäten und Co., die alle zu einem langfristigen Erfolg führen. Doch Gewichtsabnahme ist ein Aspekt, der individuell behandelt werden sollte. Denn nicht jeder Körper, jeder Darm und jedes Essverhalten ist gleich. Genauso verschieden wie diese Punkte sind auch die Möglichkeiten, an Gewicht zu verlieren.

Adipositas-Patienten, die einen BMI über 35 erreicht und bereits mit der Gewichtsabnahme begonnen haben, werden wissen, dass die Kilos zu Beginn ihrer Reise oft sehr schnell purzeln. Die ersten 10 Kilo sind mit einer Ernährungsumstellung und Sport in der Regel schnell verloren. Darüber berichten sehr viele Betroffene.

Was fehlt, ist meist ein langfristiger Erfolg. Wenn Sport und gesunde Ernährung den betroffenen Patienten schwerfallen, eine Umstellung aufgrund psychischer Blockaden nicht möglich ist oder das Übergewicht bereits zu Schäden geführt hat, kommen für einige Menschen bariatrische Operationen infrage. Die Möglichkeiten und verschiedenen Methoden werden wir im folgenden Kapitel erläutern. Wichtig ist es, zu wissen, dass ein solcher Eingriff nur von einem Facharzt in Erwägung gezogen, geplant und umgesetzt werden sollte. Sollten Sie über eine solche Operation nachdenken, sprechen Sie zunächst Ihren Hausarzt an. Dieser wird Sie bereits kennen und Sie an entsprechende Kliniken mit Fachärzten überweisen können. Außerdem sollte Ihnen bewusst sein, dass ein solcher Eingriff kein Allheilmittel für Adipositas ist. Er bringt enorme Veränderungen mit sich, die Sie als Patient jedoch nicht als Heilmittel ansehen sollten, sondern als Möglichkeit für einen Neuanfang.

Sollten Sie die Entscheidung für eine Operation bereits getroffen haben und der Eingriff steht Ihnen bevor, werden Sie in diesem Buch wertvolle Tipps für den Alltag nach einem bariatrischen Eingriff erhalten. Im Rezeptteil werden Sie zahlreiche Rezepte erhalten, die auf die Ernährung nach einer solchen OP ausgelegt sind. Sie sind außerdem mit den verschiedenen Phasen markiert, welche für die Wochen und Monate nach der OP essenziell sind.

ALLES RUND UM DIE OP – WELCHE EINGRIFFE GIBT ES?

Bariatrische Eingriffe sind häufig unter dem Namen Schlauchmagen-OP oder Magenbypass-OP bekannt. Doch die bariatrische Chirurgie bietet betroffenen Patienten neben einer Magenverkleinerung weitere Möglichkeiten, dem Übergewicht entgegenzuwirken. Dabei wägen Ärzte, Chirurgen und Patienten gemeinsam ab, welche OP und welche Methoden zielführend sind. Denn wie bereits beschrieben, sind nicht alle Adipositas-Patienten gleich. Je nach Schwere des Übergewichts, Essverhalten und Vorerkrankungen können die Möglichkeiten und Bedingungen stark variieren. Folgende Eingriffe sind möglich:

Die Schlauchmagen-OP (Sleeve-Magen-OP)

Dieser Eingriff erfolgt minimalinvasiv. Über einige kleine Einschnitte werden die Chirurgen kleine Instrumente in die Bauchhöhle einführen. Mit ihnen werden die Ärzte den Magen des Patienten auf eine Schlauchform zurechtschneiden. Danach hat er ein Fassungsvermögen von ca. 200 ml.

Durch den stark verkleinerten Magen wird die Nahrungsaufnahme erheblich verringert. Die Patienten sollen nach einer solchen Operation also durch die deutlich kleineren Portionen langfristig abnehmen. Die Nährstoffaufnahme, die in der Darmwand passiert, bleibt von diesem Eingriff unberührt.

Ein großer Vorteil dieses Eingriffs ist die schnelle Genesung. Durch das Ausbleiben eines Schnittes im Bauchbereich erholen sich die Patienten in der Regel schnell von dem Eingriff. Demnach fällt ein langer Krankenhausaufenthalt mit anschließender Arbeitsunfähigkeit weg.

Der Magenbypass

Bei einer Magenbypass-OP wird bei den Patienten der Magen, ähnlich wie bei der Schlauchmagen-OP, deutlich verkleinert. Hier wird jedoch auch die Darmpassage verkürzt. Der gesamte Magen-Darm-Trakt wird also verkleinert bzw. gekürzt. Dieser Eingriff ist mit einem relativ großen Schnitt und einer Narbe verbunden.

Durch diese Methode verringert sich nicht nur die Größe der Portionen, die die Patienten zu sich nehmen können, sondern auch die Menge an Nährstoffen, die sie aufnehmen. Denn auch die Darmwand wird bei diesem Eingriff reduziert.

Dieser Eingriff birgt im Vergleich zu der oben genannten Schlauchmagen-OP ein höheres Risiko für Komplikationen. Des Weiteren müssen Patienten nach einer solchen Operation, die mit einem Bauchschnitt verbunden ist, mit einem längeren Krankenhausaufenthalt von mindestens einer Woche rechnen. Je nach Gewicht und Mobilität des Patienten kann die Wundversorgung und die Genesung schwerfallen.

Das Magenband und der Magenballon

Diese beiden Eingriffe sind für Patienten geeignet, die für einen größeren Eingriff, wie beispielsweise den Magenbypass, zu geschwächt sind. Gleichzeitig werden sie als „Vorstufe" der oben genannten Eingriffe betrachtet. Sowohl das Magenband als auch der Magenballon verkleinern den Magen nur zum Teil. Sie wirken sich außerdem auf die Geschwindigkeit aus, in der die Nahrung den Magen passiert. Das soll bei den Patienten zu einem schnelleren Sättigungsgefühl führen. Infolge der reduzierten Nahrungsaufnahme sollen diese nach der Operation also abnehmen.

Ein interessanter Aspekt ist der, dass diese Eingriffe wieder rückgängig gemacht werden können. Sollte sich das Gewicht und das Essverhalten der Patienten also so weit verändert haben, dass ein langfristiger Erfolg möglich ist, können sowohl das Magenband als auch der Magenballon wieder entfernt werden.

WELCHE GRÜNDE SPRECHEN FÜR EINE OP?

Gründe für oder gegen eine Operation im bariatrischen Bereich können vielseitig sein. Dabei kommt es auf die Wünsche, Vorstellungen und Vorerkrankungen der Patienten an. Doch auch Behandlungen und Maßnahmen, die bereits ergriffen wurden, spielen dabei eine große Rolle. Nicht nur für die Operation selbst, sondern auch für die Kostenübernahme. Denn nicht nur die behandelnden Ärzte haben ihre Vorgaben und Richtlinien, sondern auch die Krankenkassen, die den Eingriff schließlich bezahlen muss.

Medizinische Gründe, die im Großen und Ganzen für eine OP sprechen, sind:

- Ein BMI über 35 mit mehreren Folgeerkrankungen (hier unterscheiden sich die Richtlinien der Krankenkassen sehr)
- Ein BMI über 40 (seit mindestens fünf Jahren)
- Ernährungsumstellung, Ernährungstraining und Sport führen nicht zu einer Gewichtsreduktion
- Begleiterkrankungen wie Diabetes-Typ-2, Herzerkrankungen, Fettleber oder Bluthochdruck

Voraussetzungen für eine OP sind des Weiteren:

- Ein ausreichend gesundes EKG
- Keine koronaren Herzerkrankungen
- Ein ausgeglichener Vitamin-, Eisen- und Folsäure-Haushalt
- Ein hohes Maß an Motivation
- Das Verstehen der Risiken
- Das Umsetzen der notwendigen Therapien vor und nach der Operation

Risiken einer bariatrischen OP:

- Blutungen
- Infektionen
- Darmverschluss
- Blutgerinnsel
- Verletzungen an Magen und Darm
- Psychische Belastung

BEDEUTUNG EINER GESUNDEN ERNÄHRUNG NACH BARIATRISCHEN EINGRIFFEN

Ihr Magen- und Darm-Trakt wird während einer bariatrischen Operation vollkommen auf den Kopf gestellt. Das Volumen des Magens ist auf ein Minimum geschrumpft, was zur Folge hat, dass Sie nur noch geringe Mengen an Lebensmitteln zu sich nehmen können. Das gilt auch für Getränke. Damit Sie Ihrem Körper also die richtigen Lebensmittel in der richtigen Menge zuführen, ist es wichtig, auf einige Dinge zu achten.

1. Essen und Trinken trennen: Damit feste Mahlzeiten den Magen nicht zu schnell passieren, müssen Sie es in Zukunft meiden, gleichzeitig zu essen und zu trinken. Trinken Sie mindestens 30 Minuten vor und nach dem Essen nichts.

2. Viel und richtig trinken: Sie sollten täglich mindestens 2 Liter Wasser trinken. Trinken Sie stilles Wasser oder ungesüßten Tee. Verzichten Sie auf süße, zuckerhaltige Getränke und trinken Sie über den Tag verteilt schluckweise. Meiden Sie es, große Mengen auf einmal zu trinken.

3. Langsam essen: Sie sollten nach der Operation lernen, Ihren Körper und dessen Signale besser zu deuten. Dazu gehört auch, ein Völle- und Sättigungsgefühl wahrzunehmen. Nehmen Sie sich für jede Mahlzeit also mindestens

20 Minuten Zeit und essen Sie Ihr Essen langsam. Verzichten Sie dabei auch auf Fernsehen, Radio oder andere Ablenkungen. Beenden Sie Ihre Mahlzeit, sobald Sie keinen Hunger mehr haben!

4. Kleine Mengen: Sollten Sie bisher große Portionen zu sich genommen haben, wird sich das nach der Operation dramatisch ändern. Ihr Magen umfasst jetzt nur noch knapp 1/10 von seinem ursprünglichen Fassungsvermögen. Dementsprechend sollten Ihre Mahlzeiten angepasst werden.

5. Regelmäßig essen: Achten Sie über den Tag verteilt auf einen festen Zeitplan. Planen Sie die Mahlzeiten so ein, dass Sie ausreichend Zeit haben, diese zuzubereiten und zu sich zu nehmen. Wichtig ist es dabei, auf Regelmäßigkeit zu achten. Sie sollten täglich drei Mahlzeiten und bei Bedarf zwei bis drei kleine Zwischenmahlzeiten zu sich nehmen. So wirken Sie Heißhungerattacken entgegen und Sie lernen, kontrolliert zu essen. Gleichzeitig kann eine gewisse Vorfreude auf die nächste Mahlzeit entstehen. Das Essen bleibt so etwas Besonderes.

6. Eiweiß: Durch die geringe Nahrungsaufnahme sollten Sie darauf achten, ausreichend Eiweiß zu sich zu nehmen. 60 bis 90 g pro Tag täglich dienen als Richtwert. Suchen Sie gezielt nach eiweißreichen Lebensmitteln wie mageres Fleisch, Quark und andere Milchprodukte. Sollte es Ihnen schwerfallen, die empfohlene Menge einzuhalten, können Nahrungsmittelergänzungen in Form von Proteinpulver hilfreich sein.

7. Zucker und Fett: Diese beiden Komponenten sind nach einer Magenverkleinerung tabu. Light- und Zero-Produkte sind keine Alternative und sollten ebenfalls gemieden werden. Als Richtlinie gilt: Fett und Zucker sollten weniger als zehn Prozent der Lebensmittel ausmachen, die Sie zu sich nehmen.

8. Die richtigen Lebensmittel: Es wird wichtig sein, nicht nur auf die Mengen der Lebensmittel zu achten. Sie sollten außerdem auf gesunde Kombinationen achtgeben. Obst sollte zweimal täglich in Kombination mit Milchprodukten serviert werden. Gemüse hingegen dreimal täglich, am besten gemeinsam mit Eiweißprodukten.

Sie merken bereits: Nicht nur Lebensmittel und die richtige Form der Ernährung spielen nach einem bariatrischen Eingriff eine wichtige Rolle. Auch die Psyche ist hier von großer Bedeutung. Patienten müssen verstehen, was während des Eingriffs passiert und wie sich das Ganze auf ihren Körper und ihren Alltag auswirkt. Nur durch eine ganzheitliche Umstellung des Essverhaltens kann eine solche Operation zum Erfolg beim Abnehmen führen.

Sollten Sie sich nicht an die oben genannten Hinweise halten, ist es möglich, dass Komplikationen auftreten und der Eingriff schlichtweg umsonst war. Durch übermäßiges Trinken und Essen kann es zur Übelkeit, Erbrechen und einem starken Völlegefühl kommen. Achten Sie neben Ihrer Ernährung außerdem auf eine gesunde Lebensweise, achten Sie auf eine gesunde Psyche, sorgen Sie sich um Ihr seelisches Wohlbefinden und halten Sie Ihre Ziele im Blick. Ein wichtiger Aspekt bei der Gewichtsabnahme ist außerdem Sport. Übergewichtigen Menschen fällt es oft schwer, die richtige Sportart zu finden. Denn die Gelenke, die Atmung und der Kreislauf machen oft nicht lange mit. Sie sollten jedoch auch hier am Ball bleiben und immer wieder Neues ausprobieren. Lange Spaziergänge, einige Bahnen im Schwimmbad oder geeignete Tanzkurse werden Ihnen zusätzlich helfen, an Gewicht zu verlieren. Suchen Sie vielleicht nach örtlichen Sportkursen, die speziell für übergewichtige Personen sind. Dabei werden nicht nur Ihre Gelenke und Ihr Kreislauf gezielt geschont, Sie kommen außerdem in Kontakt mit anderen Personen.

Irrtümlich hört man immer wieder davon, dass der Magen nach einem Magenbypass oder einer Schlauch-OP schnell wieder auf seine ursprüngliche Größe wachsen kann und all die Arbeit und Mühe der Patienten wirkungslos bleibt. Dem ist nicht so. Dieser Mythos lässt sich ganz einfach wissenschaftlich widerlegen. Bis auf die Leber gibt es im menschlichen Körper kein Organ, welches sich wieder selbst regenerieren kann.

Grundlagen: postoperative Ernährung

Unmittelbar nach der Operation beginnt Ihr neuer Lebensabschnitt. Sie werden Ihre Ernährung von diesem Tag an grundlegend ändern müssen, um nachhaltige Erfolge erzielen zu können. Die postoperative Ernährung ist von sehr großer Bedeutung. Nur durch das strikte Einhalten der Pläne werden Sie einen Erfolg erzielen können. Die Wochen und Monate nach der Operation sind in drei Phasen unterteilt.

FLÜSSIGPHASE -PHASE 1-

In den ersten vier Wochen nach der Operation werden Sie sich ausschließlich von Flüssignahrung ernähren können. Die ersten zwei Tage sollten Sie dabei ausschließlich Wasser und Tee trinken. Anschließend darf fettfreie Brühe hinzukommen. Ab Tag fünf dürfen dann pürierte Speisen aus leicht bekömmlichem Gemüse, Obst oder auch Milch dazukommen.

Probieren Sie sich zunächst jedoch an kleineren Mengen aus. Besonders Milchprodukte sollten Sie stark verdünnt zu sich nehmen, da einige Patienten darauf mit Übelkeit, Unwohlsein oder Erbrechen reagieren. Sollten die ersten Portionen bekömmlich sein, können Sie weitere Kombinationen ausprobieren. Vertragen Sie so weit alle erlaubten Lebensmittel, steht eigenen Kombinationen also nichts im Wege.

Mit jeder vergangenen Woche dürfen die pürierten Getränke fester werden. Dennoch gilt in den ersten vier Wochen die Regel, dass die Mahlzeit durch einen Strohhalm passen und getrunken werden muss. Kartoffeln, Gemüse und Obst sollten also erst etwa ab der zweiten Woche eingeführt werden.

In der ersten Woche sollten Sie täglich zwei Portionen mit jeweils maximal 200 ml zu sich nehmen. Ab Tag sieben sollten es dann drei Mahlzeiten täglich sein. Auch Eiweißshakes sind ab Tag sieben bereits erlaubt, zählen jedoch als Mahlzeit.

Achten Sie ab Tag eins darauf, jeden Tag mindestens 1,5 Liter stilles Wasser zu trinken. Trinken Sie schluckweise. 30 Minuten vor und nach einer Mahlzeit sollten Sie kein Wasser oder Tee trinken, damit sich der Magen auf die Nahrungsmittelaufnahme fokussieren kann.

Beispiel: So könnte ein Tag in Phase 1 aussehen:

- Frühstück: Erdbeermilchshake
- Zwischenmahlzeit: Brühe
- Mittagessen: Spinatsmoothie
- Zwischenmahlzeit: fein passierter Grießbrei
- Abendessen: pürierte Gemüsesuppe

Sollte die ersten Phase erfolgreich überstanden sein und keinerlei Nebenwirkungen oder Unwohlsein auftreten, macht es Sinn, zügig in die Umstellungsphase überzugehen.

UMSTELLUNGSPHASE -PHASE 2-

In dieser Umstellungsphase werden Sie sich mehr oder weniger in Form von Brei ernähren. Dabei ist es wichtig, dass Sie Ihr Essen sorgsam zubereiten. Zwischen Woche vier und sechs sollten Sie immer noch keine Stücke schlucken. Sie haben also die Möglichkeit, selbst Brei zu pürieren oder passieren oder fertige Babynahrung zu kaufen. Achten Sie beim Kauf jedoch darauf, dass keinerlei Stücke enthalten sind. Die Rezepte, die Sie im Rezeptteil finden, sind teilweise für Phase 2 geeignet. Sie sollten die Zutaten nach der Zubereitung jedoch pürieren oder die Garzeiten entsprechend anpassen, damit ein Brei/Püree entsteht.

Alternativ können Sie die Lebensmittel auch so weich kochen, dass Sie sie besonders leicht zerkauen können. Kartoffeln, Blumenkohl und andere Gemüse- und Obstsorten lassen sich sehr gut weichen. Auf dem Teller können sie dann mit der Gabel zu Brei zerstampft werden oder Sie gewöhnen sich an, Ihr Essen sehr lange und gründlich zu kauen. So entsteht der notwendige Brei nicht auf dem Teller, sondern direkt im Mund. Seien Sie beim Kauen jedoch gründlich – schlucken Sie während der Umstellungsphase keinerlei Stücke herunter!

Diese Phase dient dazu, Ihren Körper wieder an halbfeste Nahrung zu gewöhnen. Des Weiteren widmen Sie sich auch wieder psychisch einer richtigen Mahlzeit.

Bereits ab Woche vier sollten Sie sich an die Regel, dreimal täglich Gemüse und zweimal täglich Obst, halten. Führen Sie in dieser Phase einen festen Ernährungsplan ein. Setzen Sie sich mit den Lebensmitteln auseinander, achten Sie auf eine ausgewogene und abwechslungsreiche Ernährung und nehmen Sie sich für jede Mahlzeit ausreichend Zeit. Zwischen Woche vier und sechs sollten Sie fünf Mahlzeiten am Tag einrichten. Die zwei Zwischenmahlzeiten dienen dazu, Heißhunger einzudämmen.

Beispiel: So könnte ein Tag in Phase 2 aussehen:

- Frühstück: Rührei mit Toast, püriert
- Zwischenmahlzeit: Naturjoghurt mit Beeren, zerstampft
- Mittagessen: püriertes Hähnchenfilet mit Kartoffel-Blumenkohlpüree
- Zwischenmahlzeit: Grießbrei
- Abendessen: Kürbissuppe

LANGFRISTIGE PHASE -PHASE 3-

Ab Woche sieben beginnt Ihre langfristig veränderte Ernährung. In diese Phase sollten Sie übergehen, wenn Sie sich sicher im Umgang mit gesunder Ernährung fühlen, wenn Sie keinerlei Völlegefühl, Schmerzen oder Übelkeit haben.

Mit dem Beginn dieser Phase sollten Sie bereits verstanden haben, was eine abwechslungsreiche Ernährung ausmacht, wie eine gesunde Mahlzeit aussieht und was nicht auf Ihren Teller gehört. Von nun an sollten Sie lernen, Ihr neues Wissen und Ihre gesunde Ernährungsform in den Alltag zu integrieren. Sie werden wahrscheinlich wieder arbeiten gehen, wieder mit der Familie an einem Tisch essen oder sogar ein Restaurant besuchen können.

Wichtig ist dabei, dass Sie sich weiterhin strikt an die Vorgaben Ihrer behandelnden Ärzte halten. Außerdem ist es weiterhin von großer Bedeutung, dass Sie Essen und Trinken weiterhin trennen. Trinken Sie 30 Minuten vor und nach einer Mahlzeit nichts. Nehmen Sie sich ausreichend Zeit, genießen Sie Ihre zubereitete Mahlzeit und kauen Sie Ihr Essen sorgsam.

Fettreiche, kohlenhydratreiche und besonders süße Lebensmittel sind jedoch weiterhin tabu. Auch auf gesüßte Getränke werden Sie langfristig verzichten müssen. Nur so kann diese Phase ein Abschluss und gleichzeitig ein Neuanfang für Sie sein.

Beispiel: So könnte ein Tag in Phase 3 aussehen:

- Frühstück: Obstmüsli
- Zwischenmahlzeit: weiches Brot mit Gemüseaufstrich
- Mittagessen: mageres Rinderfilet mit fettfreien Ofenkartoffeln und Erbsen
- Zwischenmahlzeit: Obstsalat
- Abendessen: Gemüsesuppe nach Wahl

Hinweis: Die hier genannten Werte in Bezug auf Tage, Wochen und Mengen an Mahlzeiten sind lediglich Richtwerte. Ihr Arzt hat möglicherweise andere Ansichten und wird diese mit Ihnen kommunizieren. Nur er wird wissen, welche Operation in welchem Ausmaß durchgeführt wurde und die Mengenangaben entsprechend anpassen.

Tipps und Hinweise: Vor der Operation

Essen lernen: Es mag nicht bei allen übergewichtigen Personen der Fall sein, doch möglicherweise haben Sie in den vergangenen Jahren eine schlechte Beziehung zu Ihrem Essen aufgebaut. Dabei spielt nicht nur die Wahl der Lebensmittel eine Rolle, sondern auch die Art und Weise, wie diese zubereitet und gegessen werden. Ein hastiges Mittagessen zwischen zwei Meetings und ein süßer Energydrink zum Wachbleiben können sich sehr schnell als Gewohnheit einschleichen. Wie bereits beschrieben, werden Sie Ihre Ernährung nach der Operation grundlegend verändern müssen. Nehmen Sie diese Änderung bereits einige Wochen vor dem Eingriff in Angriff. Nehmen Sie sich ausreichend Zeit für Ihre Mahlzeiten und richten Sie feste Zeiten und Pläne für Ihr Essen ein.

Trinken, trinken, trinken: Wasser ist unumgänglich. Unabhängig von Gewicht, Erkrankungen oder bevorstehenden Operationen. Ihr Körper braucht täglich mindestens 1,5 Liter Wasser. Gewöhnen Sie sich diese Menge bereits einige Wochen vor der Operation an. Damit es Ihnen nach der Operation leichter fällt, diese Menge zu erreichen. Sollten Sie bisher eher kohlensäurehaltige Getränke trinken, stellen Sie sich auf stilles Wasser um. Nach dem Eingriff werden Sie keine Kohlensäure mehr zu sich nehmen können. Erst nach einigen Monaten sind wenige Schlucke kohlensäurehaltiges Wasser denkbar. Stilles Wasser und ungesüßter Tee sind Ihre optimalen Begleiter.

Eiweißkur: Einige Kliniken und Ärzte empfehlen eine Eiweißkur vor der Operation. Während einer solchen Kur sollten Sie täglich mindestens 1.000 kcal, 90 g Eiweiß und nur eine sehr geringe Menge an Kohlenhydraten zu sich nehmen. Eine solche Kur hat eine sehr gute Wirkung auf Ihre Leber. Sie regeneriert sich sehr schnell und wird während der Kur Fetteinlagerungen abbauen. Dadurch haben die Chirurgen während des Eingriffs mehr Platz und ein größeres Sichtfeld, was die Komplikationsrate verringert. Für Patienten, die durch ihr Übergewicht bereits eine Fettleber entwickelt haben, könnte eine solche Eiweißkur also von Vorteil sein. Sprechen Sie mit Ihrem behandelnden Arzt darüber.

Fragen, Gespräche und Ängste: Jetzt haben Sie bereits zahlreiche Tipps erhalten und wissen, welche Maßnahmen vor und nach einem bariatrischen Eingriff notwendig sind. Sie haben die Möglichkeit, Ihren Körper bestmöglich auf den bevorstehenden Eingriff vorzubereiten. Doch Sie sollten sich jedoch auch psychisch auf die Operation und deren Folgen vorbereiten. Während der Untersuchungen und Vorgespräche prasseln zahlreiche wichtige Informationen auf Sie ein. Einige Patienten vergessen während eines Arztgesprächs, Fragen zu stellen oder wichtige Dinge. Machen Sie sich vor dem nächsten Gespräch eine Liste mit Fragen, Ängsten und Gedanken, die Sie in Bezug auf die Operation und die Zeit danach haben. Haben Sie keine Scheu, sich während des Gesprächs mit Ihrem Arzt Notizen zu machen.

Zusammenfassung: Wichtiges vor dem Eingriff:

- Eiweißkur (optional)
- Das richtige Essverhalten lernen
- Ausreichend trinken
- Sorgen und Ängste klären

Portionskontrolle und Essverhalten

Nach der Operation

In den bisherigen Zeilen wurde Ihnen sicher bereits klar, dass Ihr Essverhalten nach dem Eingriff eine sehr große Rolle spielen wird. Durch den Eingriff, bei dem die Größe Ihres Magens enorm verringert wurde, ist Ihr Körper nun mal nicht mehr derselbe.

Das bedeutet, dass Sie sich in Zukunft mehr mit Ihrem Ess- und Einkaufsverhalten auseinandersetzen müssen, als Sie es bisher getan haben. Sie sollten sich streng an die Vorgaben Ihrer Ärzte, Chirurgen und Ernährungsberater halten. Zu Beginn der zweiten Phase, während der Sie am Ende der vierten Woche auch auf weich gekochtes Gemüse und Fleisch zurückgreifen dürfen, werden Sie vielleicht merken, dass Ihnen die Gewichtsangaben etwas schwerfallen. Je nachdem, wie Ihr Essverhalten im Vorfeld ausgesehen hat, wird Ihnen die empfohlene Portion möglicherweise viel zu klein vorkommen. Auf solch eine Reaktion sollten Sie sich vorbereiten. Damit Sie Ihren Körper jedoch optimal mit den notwendigen Nährstoffen versorgen und nicht zu viel oder zu wenig davon aufnehmen, wird empfohlen, die Lebensmittel zu wiegen. Das erleichtert die Vorbereitung, es bleibt nichts übrig und Sie sind sich sicher, dass Sie genau die richtige Menge zu sich nehmen. Im Rezeptteil dieses Buches werden Sie genaue Angaben erhalten. Neben der richtigen Zubereitung und Mengen der Lebensmittel ist jedoch auch Ihr Essverhalten von großer Bedeutung. Die wichtigen Tipps wurden bereits genannt:

- Nehmen Sie sich ausreichend Zeit für die Mahlzeiten.
- Essen Sie langsam, kauen Sie dabei gut.
- Trinken Sie 30 Minuten vor und nach einer Mahlzeit nichts.
- Beenden Sie Ihre Mahlzeit sofort, wenn Sie ein Völle- oder Sättigungsgefühl haben.

Sprechen Sie mit Ihrem Arzt oder anderen Ansprechpartnern, wenn Sie ungewöhnliche Symptome beobachten.

RICHTLINIEN FÜR DIE ZUBEREITUNG VON MAHLZEITEN

In der Regel werden täglich drei feste Mahlzeiten und zwei Zwischenmahlzeiten empfohlen. Frühstück, Mittagessen und Abendessen sollten dabei aus einer gesunden Mischung aus Ballaststoffen, Kohlenhydraten (ausreichend, jedoch geringfügige Mengen) und Fetten (geringe Mengen) bestehen.

Die Zwischenmahlzeiten sollten aus Gemüse und/oder Obst mit einer Mischung aus Eiweiß oder Ballaststoffen bestehen.

Während der ersten Phase sollten Sie darauf achten, dass die flüssige Mahlzeit durch einen Strohhalm passt. Denn nur dann ist es eine flüssige Mahlzeit. Verwenden Sie dafür einen Hochleistungsmixer und passieren Sie das Getränk im Anschluss ggf. noch einmal durch ein feines Sieb. Besonders bei Himbeeren oder Erdbeeren bleiben trotz sorgfältigem Pürieren oft feine Stücke im Getränk.

In der zweiten Phase sollten Sie einige Lebensmittel weiterhin püriert servieren. Beispielsweise besonders hartes Gemüse, welches eine lange

Garzeit hat. Kartoffeln hingegen können sehr weich gekocht und im Anschluss noch mit der Gabel fein zerstampft werden. In diesem Abschnitt sollten Sie also die genaue Garzeit im Auge behalten und diese, falls notwendig, lieber noch verlängern.

In der dritten und letzten Phase sollte Ihr gefüllter Teller wieder an eine „normale" Mahlzeit erinnern. Dennoch sollten Sie darauf achten, welche Lebensmittel Sie in den vergangenen Wochen vertragen haben und welche möglicherweise nicht. Diese sollten Sie dann am besten ganz meiden oder nur püriert und in Maßen zu sich nehmen. Des Weiteren gelten für Sie immer noch die Mengenangaben Ihrer Ärzte.

STRATEGIEN ZUR ÜBERWINDUNG VON ESSANFÄLLEN ODER HEIßHUNGERATTACKEN

Über die Frage, wie man Heißhungerattacken entgegenwirkt, haben sich vermutlich nicht nur übergewichtige Personen den Kopf zerbrochen. Doch für Menschen, die an Übergewicht leiden, welches möglicherweise bereits zu Folgeerkrankungen geführt hat, sind sie besonders präsent. Denn wie eingangs beschrieben, ist der Weg aus dem Übergewicht nicht einfach. Viele Gründe führen dazu, dass ein Teufelskreis entsteht und die Menschen immer wieder zunehmen oder gar nicht erst abnehmen. Um den Essanfällen entgegenzuwirken, gibt es zahlreiche Methoden. Einige davon werden Sie mit großer Wahrscheinlichkeit schon gehört oder ausprobiert haben.

1. Viel trinken: Ob Magenverkleinerung oder nicht, Wasser ist wichtig für unseren Körper und bietet uns zusätzlich die Möglichkeit, den Magen und den Kopf etwas auszutricksen. Trinken Sie immer wieder kleine Schlucke stilles Wasser. Bleiben Sie also „beschäftigt" mit Trinken. Infolgedessen wird Ihnen Ihr Magen weniger Hungersignale senden.

2. Ablenkung: In Bezug auf beschäftigt sein gibt es jedoch noch andere Möglichkeiten. Wer kennt es nicht, die Langeweile während der Arbeit, ungenutzte Zeit beim Warten auf das nächste Meeting oder die leeren Hände während des Filmabends. Jedes Mal möchte man direkt in die Chipstüte greifen. Dem können Sie jedoch entgegenwirken und für Ablenkung sorgen. Halten Sie Ihre Hände und Ihr Gehirn beschäftigt. Fangen Sie ein neues Hobby an, lesen Sie mehr oder seien Sie einfach viel an der frischen Luft unterwegs.

3. Bewusstes Einkaufen: Ein weiterer Tipp, der die Essanfälle direkt an der Quelle eindämmen soll, ist das Einkaufen. Wenn Sie jemand sind, der zu Spontankäufen neigt, sollten Sie daran arbeiten. Gehen Sie niemals hungrig einkaufen, schreiben Sie im Vorfeld einen durchdachten Einkaufszettel oder gehen Sie in Begleitung einkaufen. Kaufen Sie also nur das, was Sie wirklich brauchen, und nichts anderes. So lädt der Kühlschrank gar nicht erst dazu ein, sich spontan daran zu bedienen.

4. Das Ziel im Auge behalten: Sobald Sie das nächste Mal eine Heißhungerattacke verspüren, versuchen Sie, daran zu denken, warum Sie abnehmen möchten. Was sind also Ihre Ziele und warum müssen Sie diese erreichen. Ihre eigene Gesundheit, eine Vorbildfunktion für Ihre Kinder, drohende Erkrankungen, mehr Mobilität und Freiheit im Alltag. Vielleicht sollten Sie diese Ziele auf Notizzettel notieren und diese an Orte kleben, an denen Sie immer wieder vorbeigehen.

Die mögliche Ursache finden: Viele, jedoch nicht alle übergewichtige Personen leiden unter einer psychischen Erkrankung. Diese hat möglicherweise nichts mit dem eigenen Körper und dem Essverhalten an sich zu tun. Das Essen bietet Ihnen dann jedoch eine Art Schutz, Halt oder Ventil. Falls Sie das Gefühl haben, hinter Ihrem Essverhalten steckt mehr als nur Lust und Laune, macht es Sinn, das psychologisch abklären zu lassen. Es gibt Psychologen, die sich auf Essstörungen spezialisiert haben.

RATSCHLÄGE FÜR DIE LANGFRISTIGE EINHALTUNG EINER GESUNDEN ERNÄHRUNG

Sollten Sie die oben genannten Tipps und Hinweise bereits über einen längeren Zeitraum befolgt und verinnerlicht haben, können Sie davon ausgehen, positive Aussichten zu haben. Seien Sie sich jedoch darüber bewusst, dass ein bariatrischer Eingriff kein Heilmittel gegen Adipositas ist.

Je nach Schwere der Erkrankung werden Sie auch in den kommenden Jahren immer weiter an sich und Ihrem Essverhalten arbeiten müssen. Gleichzeitig sollten Sie stets Ihr Ziel im Auge behalten und jeden Tag weiter daran arbeiten, es zu erreichen.

Lassen Sie sich nicht entmutigen, wenn Sie einmal einen schlechten Tag haben und die Waage nicht das gewünschte Gewicht anzeigt. Aus einem anderen Blickwinkel betrachtet, sollten Sie sich jedoch auch nicht zu früh freuen bzw. belohnen. Gönnen Sie sich also am Samstagabend keine Chips, nur weil Sie am Morgen festgestellt haben, wieder zwei Kilo abgenommen zu haben. Ein solches Verhalten würde schnell zu einem Jo-Jo-Effekt führen, von dem Sie sicher schon einmal gehört haben. Die bisher genannten Tipps lassen sich letztendlich auch langfristig umsetzen.

EINKAUFSLISTE

Getränke: Tee, stilles Wasser, stark verdünnte Säfte

Obst und Gemüse: Bananen, Erdbeeren, Brombeeren, Äpfel, Melone, Spinat, Salat, Paprika, Tomaten, Kartoffeln, Zwiebeln, Knoblauch, Beeren-Mischungen (tiefgefroren)

Getreideprodukte: Reis, Grieß, Nudeln, Mehl, Dinkelmehl, Vollkornmehl, Haferflocken, Quinoa

Milch und Milcherzeugnisse: Vollmilch, fettreduzierte Milch, Milchersatzprodukte, Naturjoghurt, Skyr, Magerquark, Crème fraîche, geriebener Käse, Ricotta, Parmesan

Gewürze, Öl und Weiteres: Kurkuma und Ingwer (gerieben oder frisch), Oregano, Basilikum (getrocknet und frisch), Petersilie, Schnittlauch, Erythrit (Zuckerersatz), Proteinpulver, Zimt, Nuss- und Mandelaufstrich, pflanzliches Öl, Kokosöl, Nussmischungen, Walnüsse, Tofu, Gemüse- und Fleischbrühe

Frühstück

PFANNKUCHEN MIT BEEREN-QUARK-FÜLLUNG

4 Port.

25 Min.

Leicht

Zutaten

Für den Teig:
60 g Dinkelmehl
15 g Proteinpulver (z. B. Vanille)
1 Ei
1 Eiweiß
100 ml Milch (1,5 %)
50 g Magerquark
3 TL Erythrit
1 TL Kokosöl zum Ausbacken

Für die Füllung:
200 g Beeren-Mix (tiefgekühlt)
50 g Magerquark

Nährwerte p. P.

662 kcal
62 g Kohlenhydrate
6 g Fett
15 g Eiweiß

Tipp: Geeignet für Phase 3.

1 Trennen Sie das Ei. Schlagen Sie das Eiweiß in einer Schüssel zu festem Eischnee. Stellen Sie es bis zur weiteren Verwendung in den Kühlschrank. Vermengen Sie die übrigen Zutaten zu einem cremigen Teig.

2 Heben Sie das feste Eiweiß vorsichtig unter. Jetzt sollte der Teig eine fluffige Konsistenz haben.

3 Erhitzen Sie das Kokosöl in einer beschichteten Pfanne.

4 Backen Sie den Teig darin von beiden Seiten für ca. 2 bis 3 Minuten goldbraun aus.

5 Vermengen Sie für die Füllung die Beeren mit dem Quark.

6 Garnieren Sie die Pfannkuchen nach Belieben mit der Füllung. Rollen Sie diese anschließend ein oder klappen Sie sie zur Hälfte ein.

PORRIDGE MIT KEKSEN UND GEBACKENER BANANE

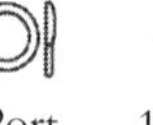

1 Port. 10 Min. Leicht

Zutaten

Für das Porridge:
50 g zarte Haferflocken
200 bis 250 ml Milch
250 g Magerquark
20 g Proteinpulver
1 TL Zimt

Für das Topping:
1 Banane
1 bis 2 Spekulatius oder andere Kekse

Optional:
1 TL Mandelmus
1 EL Schokochunks

1 Vermengen Sie Haferflocken und die Hälfte der Milch in einem kleinen Topf. Kochen Sie das Ganze für 5 Minuten bei mittlerer Stufe auf.

2 Nehmen Sie den Topf vom Herd und rühren Sie die übrige Milch, Quark, Proteinpulver und den Zimt unter. Füllen Sie das Porridge um.

3 Schälen und schneiden Sie die Banane in dünne Scheiben. Rösten Sie die Scheiben kurz in dem Topf an.

4 Garnieren Sie das Porridge anschließend mit den noch warmen Bananenscheiben.

5 Verteilen Sie die übrigen Zutaten für das Topping darauf.

Nährwerte p. P.

460 kcal
48 g Kohlenhydrate
19 g Fett
33 g Eiweiß

Tipp: Je mehr Milch Sie verwenden, desto weicher und flüssiger wird das Porridge.

Geeignet für Phase 2 und 3.

PROTEIN-FRENCH-TOAST

1 Port. 15 Min. Leicht

Zutaten

200 g Proteintoast
2 Eier
100 ml Milch
20 g Schokoaufstrich
100 g Beeren

Nährwerte p. P.

660 kcal
32 g Kohlenhydrate
16 g Fett
36 g Eiweiß

Tipp: Geeignet für Phase 3.

1 Waschen Sie die Beeren und putzen Sie sie nach Bedarf.

2 Verquirlen Sie Eier und Milch in einem tiefen Teller. Wenden Sie die Toastscheiben darin.

3 Erhitzen Sie eine Pfanne auf mittlerer Stufe und rösten Sie die Toastscheiben darin von beiden Seiten für etwa 2 Minuten an. Lassen Sie sie kurz abkühlen.

4 Bestreichen Sie die Scheiben nach Belieben mit dem Aufstrich und garnieren Sie sie mit den Beeren.

GRIECHISCHER JOGHURT-PFANNKUCHEN MIT GERÖSTETEN WALNÜSSEN UND AHORNSIRUP

4 Port.

25 Min.

Leicht

Zutaten

150 g Haferflocken
140 g Naturjoghurt
125 ml Milch
1 Ei
1 EL brauner Zucker
1 TL Vanilleextrakt
2 TL Backpulver
1 Prise Salz

Außerdem:
etwas Fett zum Ausbacken

Für das Topping:
Geröstete Walnüsse
Beeren nach Wahl
Ahornsirup

Nährwerte p. P.

250 kcal
28 g Kohlenhydrate
9 g Fett
9 g Eiweiß

1 Vermengen Sie alle Zutaten für den Teig. Verwenden Sie dafür einen Mixer, damit sich die Haferflocken vollständig auflösen.

2 Erhitzen Sie eine kleine Menge Fett (beispielsweise Butter) in einer beschichteten Pfanne

3 Backen Sie den Teig darin zu 4 kleinen Pfannkuchen aus. Wenden Sie diese nach ca. 2 Minuten.

4 Garnieren Sie die Pfannkuchen nach Belieben mit Walnüssen, Beeren und jeweils 1 TL Ahornsirup.

Tipp: Geeignet für Phase 2 (püriert) und 3.

ZITRONEN-RICOTTA-PFANNKUCHEN MIT BLAUBEER-SOẞE

4 Port.

35 Min.

Leicht

Zutaten

Für die Pfannkuchen:
120 g Ricotta
4 EL Zitronensaft
Abrieb von 2 Zitronen
150 ml Hafermilch
100 ml Wasser mit Kohlensäure
200 g Mehl
4 EL Zucker
Je 1 TL Backpulver, Natron und Vanilleextrakt
1 Prise Salz
1 EL Apfelessig

Für die Blaubeer-Soße:
200 g gefrorene Blaubeeren
40 ml Wasser
2 EL Zucker
2 EL Zitronensaft
1 TL Maisstärke
1 Prise Salz

Außerdem:
etwas Öl zum Braten

Nährwerte p. P.

460 kcal
43 g Kohlenhydrate
19 g Fett
18 g Eiweiß

1 Bereiten Sie zunächst die Blaubeer-Soße zu. Vermengen Sie alle angegebenen Zutaten in einem kleinen Topf und erhitzen Sie das Ganze langsam.

2 Köcheln Sie die Soße für 5 Minuten bei mittlerer Wärmezufuhr. Nach Ende der Garzeit sollte sie eine dickflüssige Konsistenz haben.

3 Bereiten Sie jetzt den Pfannkuchenteig zu. Vermengen Sie zunächst Ricotta, Zitronensaft und Zitronenabrieb miteinander.

4 Geben Sie jetzt die übrigen Zutaten für den Teig hinzu. Dabei sollte ein glatter Teig entstehen.

5 Erhitzen Sie eine kleine Menge Öl in einer beschichteten Pfanne. Backen Sie darin vier Pfannkuchen aus dem Teig.

6 Nutzen Sie dabei mittlere Wärmezufuhr und wenden Sie die Pfannkuchen nach etwa 2 Minuten.

7 Garnieren Sie die lauwarmen Pfannkuchen nach Belieben mit der Blaubeer-Soße.

Tipp: Falls Sie eine vegane Alternative statt dem Ricotta verwenden, wird das Rezept vollständig vegan. Geeignet für Phase 2 und 3.

PROTEIN-FRÜHSTÜCK MIT QUARK UND OBST

1 Port.

5 Min.

Leicht

Zutaten

300 g Magerquark
1 bis 2 EL Milch
1 TL Proteinpulver
1 Apfel
50 g Beeren nach Wahl

Nährwerte p. P.

296 kcal
31 g Kohlenhydrate
2 g Fett
37 g Eiweiß

1 Vermengen Sie Quark, Milch und Proteinpulver miteinander.

2 Waschen Sie den Apfel und die Beeren. Schneiden Sie das Obst nach Belieben klein.

3 Heben Sie die Apfelstücke unter den Quark. Verwenden Sie die Beeren als Topping.

Tipp: Geeignet für Phase 2 und 3.

Salate

GRIECHISCHE QUINOA-SALAT-BOWL MIT HUMMUS-DRESSING

2 Port. 30 Min. Leicht

Zutaten

Für den Salat:
1 Tasse Quinoa
Je ½ Brokkoli und Gurke
2 Tomaten
4 getrocknete Tomaten
10 Oliven
90 g Fetakäse
1 Handvoll Petersilie
1 Pk. Hummus

Für das Dressing:
2 EL Olivenöl
1 EL Balsamico
1 TL Honig
1 TL Senf
Je 1 Prise Salz und Pfeffer

Nährwerte p. P.

310 kcal
31 g Kohlenhydrate
12 g Fett
18 g Eiweiß

Tipp: Geeignet für Phase 3.

1 Bringen Sie die Quinoa in ausreichend Wasser zum Kochen. Garen Sie sie darin für 20 Minuten bei niedriger Wärmezufuhr. Rühren Sie sie dabei regelmäßig um. Nach der Garzeit sollte das Wasser vollständig verkocht sein.

2 Waschen Sie den Brokkoli und teilen Sie die Röschen ab. Bringen Sie ihn in etwas Wasser zum Kochen und garen Sie die Röschen, je nach Größe, für etwa 7 Minuten.

3 Waschen Sie in der Zwischenzeit Tomaten und Gurke. Würfeln Sie alle übrigen Zutaten in kleine Stücke. Vermengen Sie alles zusammen mit der Quinoa zu einem bunten Salat.

4 Richten Sie ihn auf zwei Tellern an und geben Sie eine Portion Hummus darauf.

5 Bereiten Sie jetzt das Dressing zu. Vermengen Sie dafür alle angegebenen Zutaten miteinander. Verteilen Sie das Dressing gleichmäßig über dem Salat.

THAILÄNDISCHER GLASNUDEL-SALAT MIT GERÖSTETEM ERDNUSS-TOFU

4 Port.

40 Min.

Mittel

Zutaten

250 g getrockneter Tofu

Für die Marinade:
2 EL Sojasoße
4 TL Reisessig
2 TL Ahornsirup
2 TL Sesamöl
1 TL geriebener Ingwer

Für die Sesam-Panade:
1 EL Leinsamen
60 ml Wasser
2 EL Mehl
4 EL Sesam

Für den Salat:
200 g Glasnudeln
500 g gemischter Salat
2 Möhren
3 Frühlingszwiebeln
120 g Gurke
8 Radieschen
15 g Kräuter, gemischt

1 Schneiden Sie den getrockneten Tofu in Dreiecke. Bereiten Sie jetzt die Marinade zu. Vermengen Sie dafür alle angegebenen Zutaten. Legen Sie die Tofu-Dreiecke in die Marinade und lassen Sie sie darin für ca. 20 Minuten ruhen.

2 Bereiten Sie in der Zwischenzeit die Sesam-Panade zu. Vermengen Sie die Leinsamen mit dem Wasser und lassen Sie sie darin 5 Minuten lang quellen. Geben Sie Mehl und Sesam auf zwei separate Teller. Heizen Sie den Backofen auf 220 Grad Ober-/Unterhitze vor.

3 Nehmen Sie die Tofustücke aus der Marinade. Wenden Sie sie zunächst in den Leinsamen, dann in dem Mehl und anschließend in den Sesamsamen. Legen Sie die panierten Tofustücke auf ein mit Backpapier belegtes Backblech. Backen Sie sie für 20 Minuten im Backofen.

4 Kochen Sie in dieser Zeit die Glasnudeln nach Packungsanweisung. Waschen und schneiden Sie alle Zutaten für den Salat klein. Vermengen Sie alles in einer großen Schüssel. Gießen Sie die Glasnudeln ab und heben Sie sie unter den Salat.

Für die Erdnuss-Soße:
65 g Erdnussbutter
2 EL Sojasoße
2 EL Ahornsirup
2 EL Reisessig
1 EL Sesamöl
1 Zehe Knoblauch
1 TL geriebener Ingwer
1 TL Sriracha (scharfe japanische Soße)
2 EL Limettensaft

5 Vermengen Sie alle Zutaten für die Erdnuss-Soße miteinander. Beträufeln Sie den Salat mit einem Teil der Soße. Reichen Sie die übrige Soße als Dip für die Tofu-Dreiecke.

Nährwerte p. P.

650 kcal
51 g Kohlenhydrate
13 g Fett
20 g Eiweiß

Tipp: Geeignet für Phase 3.

BALSAMICO-GLASIERTE HÄHNCHENBRUST MIT ERDBEER-RUCOLA-SALAT

4 Port.

20 Min.

Leicht

Zutaten

1 Kopf Blattsalat
75 g Rucola
250 g Erdbeeren
400 g Hähnchenbrustfilet
3 EL Olivenöl
2 EL Balsamicoessig
3 TL Pfefferkörner
2 EL Gemüsebrühe

Nach Belieben:
Salz und Pfeffer

Nährwerte p. P.

296 kcal
32 g Kohlenhydrate
12 g Fett
15 g Eiweiß

Tipp: Geeignet für Phase 2 und 3.

1 Waschen Sie den Salat und Rucola. Schneiden Sie den Salat in kleine Stücke. Verteilen Sie die Mischung auf vier Teller.

2 Waschen Sie die Erdbeeren und schneiden Sie diese in Scheiben. Schneiden Sie das Hähnchenfleisch in dünne Streifen.

3 Erhitzen Sie das Olivenöl in einer Pfanne. Braten Sie das Fleisch darin 5 Minuten lang kräftig an. Würzen Sie es mit Salz und Pfeffer und nehmen Sie es aus der Pfanne.

4 Löschen Sie den Bratensatz mit Balsamicoessig, Pfefferkörner und Gemüsebrühe ab. Wenden Sie das Hähnchenfleisch jetzt noch einmal in der Pfanne.

5 Verteilen Sie es jetzt gleichmäßig auf dem Salat. Garnieren Sie ihn mit den Erdbeerscheiben.

QUINOA-SALAT MIT GERÖSTETEN KICHERERBSEN, GRANATAPFELKERNEN UND MINZE

4 Port.

30 Min.

Leicht

Zutaten

400 g Quinoa, gekocht
200 g Kichererbsen, geröstet
100 g Granatapfelkerne
1 Orange, in Scheiben geschnitten
½ Tasse Minze, gehackt
½ Tasse Olivenöl
2 Zitronen

Nach Belieben:
Salz und Pfeffer

Nährwerte p. P.

290 kcal
29 g Kohlenhydrate
18 g Fett
17 g Eiweiß

Tipp: Geeignet für Phase 2 und 3.

1 Vermengen Sie Quinoa, Kichererbsen, Granatapfelkerne, Orangenscheiben und Minze in einer großen Schüssel. Halbieren Sie die Zitronen und pressen Sie den Saft aus.

2 Rühren Sie in einer separaten Schüssel Olivenöl, Zitronensaft und Salz und Pfeffer zu einem Dressing an. Gießen Sie das Dressing über den Salat und vermengen Sie ihn.

3 Lassen Sie ihn im Anschluss für 30 Minuten im Kühlschrank ruhen.

ASIATISCHER RINDERHACKFLEISCH-SALAT MIT SESAM-DRESSING

4 Port.

20 Min.

Leicht

Zutaten

Für den Salat:
400 g Rinderhackfleisch
1 EL Öl
Je 1 Prise Salz und Pfeffer
200 g Mie-Nudeln
2 Mini-Gurken
1 große Möhre
2 TL Sesam
1 Bund Koriander

Für das Dressing:
2 Limetten
80 ml Sojasoße
50 ml Sesamöl
4 EL Tahini (Sesammus)
4 TL Agavendicksaft

Nährwerte p. P.

697 kcal
45 g Kohlenhydrate
39 g Fett
33 g Eiweiß

Tipp: Geeignet für Phase 2 und 3.

1 Erhitzen Sie das Öl in einer Pfanne. Braten Sie das Hackfleisch darin krümelig an. Würzen Sie es mit Salz und Pfeffer. Lassen Sie es anschließend abkühlen.

2 Kochen Sie in dieser Zeit die Mie-Nudeln nach Packungsanweisung.

3 Waschen Sie die Gurken und schälen Sie die Möhre. Schneiden Sie Gurken und Möhre mit einem Spiralschneider in dünne Streifen

4 Halbieren Sie die Limetten und pressen Sie den Saft aus. Vermengen Sie den Limettensaft mit allen übrigen Zutaten für das Dressing.

5 Rühren Sie das Dressing zunächst unter die abgegossenen Mie-Nudeln. Heben Sie jetzt Hackfleisch, Gurken und Möhren unter. Hacken Sie den Koriander klein.

6 Garnieren Sie den Salat mit Koriander und Sesam.

HALLOUMI-KÄSE MIT WASSERMELONEN-SALAT

4 Port.

1 Std.

Leicht

Zutaten

1 bis 2 Schalotten
2 Limetten
1 EL brauner Zucker
1 TL Olivenöl
250 g Halloumi
400 g Wassermelone
100 g Schafskäse, grob zerbröselt
1 Handvoll Minze, gehackt
1 EL Pistazien, gehackt
1 Prise Pfeffer

Nährwerte p. P.

290 kcal
28 g Kohlenhydrate
20 g Fett
22 g Eiweiß

1 Schälen Sie die Schalotten und schneiden Sie sie in dünne Spalten. Reiben Sie die Schale der Limetten ab. Halbieren Sie die Limetten und pressen Sie den Saft aus.

2 Vermengen Sie Schalotten, Limettenabrieb, Limettensaft, Zucker und Öl miteinander.

3 Braten Sie den Halloumi auf dem Grill oder in einer Pfanne ohne Zugabe von Fett kurz von beiden Seiten an.

4 Schneiden Sie ihn anschließend in kleine Rauten. Schneiden Sie das Fruchtfleisch der Wassermelone in gleich große Rauten. Richten Sie die Rauten gleichmäßig auf kleinen Tellern an.

5 Garnieren Sie diese mit Feta, Minze, Pistazien und Pfeffer. Verteilen Sie die Zwiebelmischung darüber.

KARTOFFELSALAT OHNE MAYO

4 Port. 45 Min. Leicht

Zutaten

500 g Kartoffeln, festkochend
2 Zwiebeln
3 EL Pflanzenöl
100 ml Fleisch- oder Gemüsebrühe
2 EL Weißweinessig, alternativ weißer Balsamico
1 EL Senf, mittelscharf
1 Msp. Muskat, gerieben
Je 1 Prise Salz, Pfeffer und Zucker

Zum Garnieren:
1 EL Petersilie

Nährwerte p. P.

480 kcal
32 g Kohlenhydrate
6 g Fett
14 g Eiweiß

1 Kochen Sie die Kartoffeln samt Schale in gesalzenem Wasser. Je nachdem, in welcher Phase Sie sich befinden, sollten die Kartoffeln sehr weich sein.

2 Lassen Sie sie abkühlen. Alternativ können die Kartoffeln bereits am Vortag gekocht werden.

3 Schälen Sie in der Zwischenzeit die Zwiebeln und würfeln Sie sie klein.

4 Erhitzen Sie das Öl in einem Topf. Dünsten Sie die Zwiebeln darin glasig an. Löschen Sie sie mit der Brühe ab und geben Sie die übrigen Zutaten hinzu.

5 Lassen Sie das Dressing kurz aufkochen und nehmen Sie den Topf sofort vom Herd. Halten Sie den Topf geschlossen, damit das Dressing warm bleibt.

6 Schälen Sie die Kartoffeln und schneiden Sie sie in dünne Scheiben oder Würfel.

7 Geben Sie diese in eine große Schüssel und verteilen Sie das Dressing darüber. Garnieren Sie den Salat mit der Petersilie.

Tipp: Geeignet für Phase 2 und 3.

Suppen

CREMIGE KÜRBIS-KOKOS-SUPPE MIT GERÖSTETEN KÜRBISKERNEN

 4 Port.

 35 Min.

 Leicht

Zutaten

1 kg Hokkaido-Kürbisfleisch
2 Zwiebeln
3 EL Olivenöl
1 l Gemüsebrühe
400 ml Kokosmilch
1 TL Ingwer, gerieben
2 TL Currypulver
1 TL Zimt
3 EL Kürbiskerne, geröstet
3 EL Petersilie, gehackt

Nährwerte p. P.

476 kcal
37 g Kohlenhydrate
32 g Fett
8 g Eiweiß

1 Schneiden Sie den Kürbis in kleine Würfel. Der Hokkaidokürbis muss nicht geschält werden. Schälen Sie die Zwiebel und würfeln Sie sie fein.

2 Erhitzen Sie das Olivenöl in einem großen Topf. Dünsten Sie Kürbis- und Zwiebelwürfel darin 5 Minuten lang kräftig an.

3 Löschen Sie das Ganze mit der Gemüsebrühe und Kokosmilch ab. Geben Sie Ingwer, Currypulver und Zimt hinzu. Kochen Sie die Suppe 10 Minuten lang bei mittlerer Wärmezufuhr.

4 Nehmen Sie den Topf vom Herd und pürieren Sie die Suppe sorgfältig mit einem Stabmixer.

5 Garnieren Sie sie mit Kürbiskernen und Petersilie.

Tipp: Geeignet für Phase 1, 2 und 3.

SCHNELLE PAPRIKASUPPE MIT HONIG

4 Port.

45 Min.

Leicht

Zutaten

4 rote Paprika
1 Zwiebel
1 Kartoffel
1 Zehe Knoblauch
1 EL Olivenöl
1 EL Tomatenmark
800 ml Gemüsebrühe
200 ml Sahne
1 TL Honig
2 TL Paprikapulver, edelsüß
1 TL Thymian
1 Prise Salz

Nach Belieben:
Pfeffer

Außerdem:
250 g Suppennudeln

Nährwerte p. P.

624 kcal
45 g Kohlenhydrate
20 g Fett
16 g Eiweiß

1 Schälen Sie das gesamte Gemüse und schneiden Sie alles in kleine, gleich große Stücke.

2 Erhitzen Sie das Öl in einem Topf. Dünsten Sie das Gemüse darin 5 Minuten lang kräftig an.

3 Löschen Sie das Ganze mit Tomatenmark und Gemüsebrühe ab. Kochen Sie die Suppe für 20 Minuten bei mittlerer Wärmezufuhr.

4 Bereiten Sie in der Zwischenzeit die Suppennudeln nach Packungsanweisung in einem separaten Topf zu.

5 Pürieren Sie die Suppe jetzt gründlich mit einem Stabmixer. Rühren Sie Sahne, Honig, Paprikapulver und Thymian unter.

6 Geben Sie die gekochten Nudeln in die Suppe und schmecken Sie sie mit Salz und Pfeffer ab.

Tipp: Geeignet für Phase 1 bis 3.

KÄSESUPPE NACH ALLGÄUER ART

2 Port.

20 Min.

Leicht

Zutaten

1 EL Butter
1 EL Mehl
1 Zehe Knoblauch
600 ml Gemüsebrühe
50 ml Milch
5 EL Sahne
200 g Allgäuer Käse

Nach Belieben:
Salz und Pfeffer
Muskatnuss

Zum Garnieren:
Petersilie

1 Schmelzen Sie die Butter in einem Topf. Rühren Sie das Mehl unter. Rühren Sie es dabei kräftig ein, damit nichts anbrennt.

2 Pressen Sie den Knoblauch mit einer Knoblauchpresse. Geben Sie Knoblauch, Gemüsebrühe, Milch und Sahne hinzu.

3 Köcheln Sie die Suppe für 10 Minuten bei geringer Wärmezufuhr. Rühren Sie den Käse ein und lassen Sie ihn in der Suppe schmelzen, ohne sie noch einmal aufzukochen.

4 Schmecken Sie die Suppe nach Belieben mit Salz, Pfeffer und Muskatnuss ab. Garnieren Sie sie mit gehackter Petersilie.

Nährwerte p. P.

428 kcal
10 g Kohlenhydrate
30 g Fett
27 g Eiweiß

Tipp: Geeignet für Phase 2 und 3.

KRÄFTIGE KNOBLAUCHSUPPE MIT PETERSILIE-CROÛTONS

 4 Port.  30 Min.  Leicht

Zutaten

Für die Croûtons:
2 Scheiben Toast
2 EL Olivenöl
1 EL Petersilie, gehackt
2 Zehen Knoblauch
Je 1 Prise Salz und Pfeffer

Für die Suppe:
10 Zehen Knoblauch
1 Kartoffel
1 Zwiebel
60 g Butter
60 g Mehl
1 L Gemüsebrühe
200 ml Sahne
1 TL Senf
Je 1 Prise Salz und Pfeffer

Nährwerte p. P.

377 kcal
29 g Kohlenhydrate
26 g Fett
6 g Eiweiß

1 Schälen Sie Knoblauch, Kartoffel und Zwiebel. Schneiden Sie alles in dünne Scheiben.

2 Erhitzen Sie die Butter in einem Topf. Dünsten Sie die Zwiebelwürfel darin glasig an. Rühren Sie jetzt das Mehl unter und stellen Sie damit eine Mehlschwitze her.

3 Geben Sie im Anschluss Kartoffel- und Knoblauchscheiben hinzu. Löschen Sie das Ganze mit der Gemüsebrühe ab. Köcheln Sie die Suppe 15 Minuten bei mittlerer Wärmezufuhr.

4 Pürieren Sie die Suppe mit einem Stabmixer. Rühren Sie die Sahne, Senf, Salz und Pfeffer unter.

5 Bereiten Sie jetzt die Croûtons zu. Schneiden Sie die Toastscheiben in kleine gleich große Würfel. Schälen und pressen Sie den Knoblauch.

6 Erhitzen Sie das Öl in einer Pfanne. Rösten Sie Toastwürfel, Knoblauch, Petersilie, Salz und Pfeffer 5 Minuten kräftig an.

7 Die Croûtons sollten dabei eine goldbraune Farbe annehmen.

Tipp: Geeignet für Phase 2 und 3.

GEMÜSE-REIS-SUPPE MIT HÄHNCHEN

4 Port. | 2 Std. | Leicht

Zutaten

1 kg Hähnchenschenkel
3 L Wasser
2 TL Salz
1 Prise Pfeffer
1 Lorbeerblatt
1 Suppengrün
100 g Erbsen, tiefgefroren
125 g Reis

Zum Garnieren:
1 EL Petersilie

Nährwerte p. P.

577 kcal
49 g Kohlenhydrate
23 g Fett
13 g Eiweiß

1 Waschen Sie die Hähnchenschenkel ab. Geben Sie sie mit Wasser, Salz, Pfeffer und dem Lorbeerblatt in einen großen Topf.

2 Kochen Sie das Ganze für 2 Stunden bei mittlerer Wärmezufuhr. Nehmen Sie die Schenkel nach der Garzeit aus der Brühe und lassen Sie sie abkühlen.

3 Schälen Sie das Suppengrün und schneiden Sie alles in kleine Würfel. Geben Sie das zerkleinerte Gemüse, Erbsen und Reis in die Brühe und garen Sie die Suppe erneut für 10 Minuten auf niedriger Wärmezufuhr.

4 Trennen Sie in dieser Zeit das Hähnchenfleisch vom Knochen und schneiden Sie es klein. Rühren Sie es zum Abschluss mit in die Suppe.

5 Garnieren Sie die Suppe auf tiefen Tellern mit etwas gehackter Petersilie.

Tipp: Geeignet für Phase 1 bis 3.

SCHNELLE BROKKOLISUPPE

2 Port.

35 Min.

Leicht

Zutaten

500 g Brokkoli
600 ml Gemüsebrühe
1 Prise Salz
1 Prise Muskat
1 Prise Pfeffer
1 EL Öl

Nährwerte p. P.

50 kcal
3 g Kohlenhydrate
2 g Fett
5 g Eiweiß

1 Trennen Sie die Röschen von dem Brokkolikopf. Waschen Sie diese gründlich ab. Garen Sie die Röschen in der Gemüsebrühe ca. 15 Minuten weich.

2 Pürieren Sie sie in der Gemüsebrühe. Schmecken Sie die Suppe mit Salz, Muskat und Pfeffer ab.

3 Rühren Sie zum Abschluss das Öl unter die Suppe.

Tipp: Geeignet für Phase 1 bis 3.

Brot, Brötchen und Co.

LUFTIGES HOKKAIDO-MILCHBROT

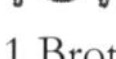
1 Brot

2,5 Std.

Mittel

Zutaten

Für den Vorteig:
1 leicht gehäufter EL Mehl
50 ml Wasser
50 ml Milch

Für den Hauptteig:
115 ml Milch
5 g Trockenhefe
35 g Butter
1 Ei
50 g Zucker
1 TL Salz
340 g Weizenmehl (Type 550 oder W700)

Außerdem:
1 Eigelb und 2 TL Milch zum Bestreichen

Nährwerte p. P.

162 kcal
30 g Kohlenhydrate
4 g Fett
4 g Eiweiß

1 Vermengen Sie die Zutaten für den Vorteig miteinander. Achten Sie darauf, dass dabei keine Klumpen entstehen.

2 Erhitzen Sie den Vorteig in einem kleinen Topf auf ca. 65 Grad. Rühren Sie ihn dabei ständig um. Lassen Sie den Vorteig abkühlen.

3 Bereiten Sie in der Zwischenzeit den Hauptteig vor. Vermengen Sie zunächst die Milch mit der Trockenhefe. Rühren Sie jetzt die übrigen Zutaten unter und kneten Sie daraus einen weichen Teig.

4 Lassen Sie ihn 1 Stunde lang zugedeckt ruhen. Kneten Sie den Teig nach der Ruhezeit auf einer bemehlten Arbeitsfläche durch. Teilen Sie ihn in vier gleich große Teile.

5 Rollen Sie diese Teile flach zu einem Oval aus und rollen Sie diese anschließend ein.

6 Legen Sie eine Kastenform mit Backpapier aus. Geben Sie die eingerollten Ovale nebeneinander in die vorbereitete Form. Lassen Sie sie darin weitere 20 Minuten ruhen.

7 Heizen Sie in der Zwischenzeit den Backofen auf 190 Grad Ober-/Unterhitze vor. Vermengen Sie Eigelb und Milch miteinander. Bestreichen Sie das Brot mit der Mischung. Backen Sie das Brot für 20 bis 25 Minuten.

Tipp: Geeignet für Phase 2 und 3.

QUARKBRÖTCHEN

6 Port.

20 Min.

Leicht

Zutaten

250 g Mehl
1 Pk. Backpulver
250 g Quark
6 EL Milch
4 EL Öl
75 g Zucker
1 Prise Salz
1 Pk. Vanillezucker

Außerdem:
1 EL Milch

Nährwerte p. P.

454 kcal
70 g Kohlenhydrate
11 g Fett
14 g Eiweiß

Tipp: Geeignet für Phase 3.

1 Vermengen Sie alle angegebenen Zutaten zu einem geschmeidigen Teig. Formen Sie daraus 6 runde Brötchen.

2 Legen Sie sie auf ein mit Backpapier ausgelegtes Backblech. Lassen Sie die Brötchen 20 Minuten ruhen. Heizen Sie in der Zwischenzeit den Backofen auf 200 Grad Ober-/Unterhitze vor.

3 Bestreichen Sie die Brötchen mit der Milch. Backen Sie die Brötchen für 8 bis 10 Minuten goldbraun.

EXTRA WEICHES WEIẞBROT

1 Brot 1,5 Std. Leicht

Zutaten

1 Würfel Hefe
450 ml lauwarmes Wasser
1 TL Zucker
700 g Mehl
1 EL Salz

Nährwerte p. P.

188 kcal
33 g Kohlenhydrate
4 g Fett
8 g Eiweiß

1 Vermengen Sie die Hefe mit 100 ml Wasser und dem Zucker. Der Zucker sollte sich vollständig aufgelöst haben. Lassen Sie die Mischung etwa 5 Minuten ruhen.

2 Geben Sie jetzt die übrigen Zutaten hinzu und kneten Sie daraus einen festen Teig.

3 Füllen Sie ihn in eine gefettete Kastenform. Lassen Sie den Teig darin 1 Stunde ruhen.

4 Heizen Sie in der Zwischenzeit den Backofen auf 200 Grad Ober-/Unterhitze vor.

5 Backen Sie das Brot 40 bis 50 Minuten im vorgeheizten Backofen.

Tipp: Geeignet für Phase 2 und 3.

EIWEIẞBROT

1 Brot

1 Std.

Leicht

Zutaten

100 g gemahlene Mandeln
2 EL Dinkelvollkornmehl
1 TL Salz
100 g geschrotete Leinsamen
2 EL Chiasamen
2 EL Sonnenblumenkerne
2 EL Kürbiskerne
1 Pk. Backpulver
250 g Magerquark
6 Eiweiße

Nährwerte p. P.

260 kcal
12 g Kohlenhydrate
3 g Fett
33 g Eiweiß

Tipp: Geeignet für Phase 3

1 Heizen Sie den Backofen auf 180 Grad Ober-/Unterhitze vor. Fetten Sie eine Kastenform ein oder legen Sie sie mit Backpapier aus.

2 Vermengen Sie alle Zutaten zu einem Teig. Füllen Sie diesen in die Kastenform und backen Sie das Brot für 40 Minuten aus.

3 Lassen Sie es in der Form auskühlen und schneiden Sie es erst vor der Verwendung an.

Hauptgerichte mit Fleisch & Geflügel

SÜẞKARTOFFEL-BOOTE MIT BBQ-HÄHNCHEN UND TOMATEN-SALSA

4 Port.

40 Min.

Mittel

Zutaten

4 Süßkartoffeln
Ca. 300 g Hähnchenfleisch
4 EL BBQ-Soße
4 TL Olivenöl
2 Prisen Salz
2 Prisen Pfeffer
1 rote Zwiebel
2 Tomaten
1 Limette

Nährwerte p. P.

560 kcal
52 g Kohlenhydrate
20 g Fett
34 g Eiweiß

1 Heizen Sie den Backofen auf 240 Grad Ober-/ Unterhitze vor.

2 Waschen Sie die Süßkartoffeln, halbieren Sie sie der Länge nach und geben Sie sie auf ein mit Backpapier ausgelegtes Backblech.

3 Backen Sie die Kartoffeln für 30 bis 40 Minuten im vorgeheizten Backofen.

4 Schneiden Sie das Fleisch in kleine ca. 2 x 2 cm große Stücke. Geben Sie es zusammen mit 2 TL Olivenöl, BBQ-Soße, Salz und Pfeffer in eine Schüssel. Marinieren Sie es darin.

5 Verteilen Sie es jetzt in einer Auflaufform und geben Sie es für 15 bis 20 Minuten zu den Kartoffeln in den Backofen.

6 Schälen Sie die Zwiebel. Schneiden Sie Zwiebel und Tomaten in kleine Würfel. Vermengen Sie diese mit Salz und Pfeffer.

7 Pressen Sie die Limette aus und verteilen Sie den Saft gemeinsam mit 2 TL Olivenöl über der Tomatenmischung.

8 Nehmen Sie Kartoffeln und Fleisch aus dem Backofen. Zerkleinern Sie das Fleisch und verteilen Sie es gleichmäßig über den Süßkartoffelhälften.

9 Garnieren Sie diese jetzt mit jeweils 1 EL der Tomaten-Salsa.

Tipp: Geeignet für Phase 2 und 3.

HARISSA-HÜHNCHEN MIT GERÖSTETEM GEMÜSE UND COUSCOUS

 4 Port.  40 Min.  Leicht

Zutaten

1 TL Harissapulver
½ TL Kurkumapulver
5 EL Olivenöl
Ca. 400 g Hähnchenschenkel
1 L Gemüsebrühe
150 g Couscous
1 Dose Kichererbsen
2 Möhren
1 Dose gehackte Tomaten
10 g Petersilie
Je 1 Prise Salz und Pfeffer
25 g Rosinen
½ TL Zucker

Nährwerte p. P.

1.050 kcal
110 g Kohlenhydrate
38 g Fett
38 g Eiweiß

1 Vermengen Sie Harissapulver, Kurkumapulver und 3 EL Olivenöl miteinander. Bestreichen Sie die Hähnchenschenkel damit. Erhitzen Sie 2 EL Olivenöl in einer Pfanne. Braten Sie die Hähnchenschenkel darin für ca. 5 bis 6 Minuten kräftig an. Wenden Sie sie dabei regelmäßig und gehen Sie sicher, dass sie vollständig durchgegart sind. Nehmen Sie sie anschließend aus der Pfanne.

2 Bringen Sie die Gemüsebrühe zum Kochen. Geben Sie den Couscous hinzu und nehmen Sie den Topf sofort vom Herd. Lassen Sie den Couscous darin für ca. 10 Minuten quellen. Sollten Sie ihn deutlich weicher benötigen, geben Sie eventuell etwas mehr Wasser hinzu und verlängern Sie die Quellzeit.

3 Bereiten Sie in der Zwischenzeit das Gemüse vor. Gießen Sie die Kichererbsen ab. Schälen Sie die Möhre und schneiden Sie sie in kleine Würfel. Hacken Sie die Petersilie klein. Braten Sie Möhren und Rosinen in der Pfanne, in der Sie die Hähnchenschenkel angebraten haben, für 2 Minuten an. Löschen Sie das Ganze mit den gehackten Tomaten ab.

4 Legen Sie die Hähnchenschenkel in die Soße, verteilen Sie die Kichererbsen darüber, würzen Sie alles mit Salz und Pfeffer. Köcheln Sie alles zusammen für 10 Minuten bei geringer Wärmezufuhr. Heben Sie Zucker und die zerkleinerte Petersilie unter den Couscous. Richten Sie Couscous und Gemüse zusammen mit einem Hähnchenschenkel an.

Tipp: Geeignet für Phase 2 und 3.

ZUCCHINI-NUDELN MIT HÄHNCHEN IN CREMIGER AVOCADO-SOẞE

1 Port.

20 Min.

Leicht

Zutaten

1 Zucchini
¼ TL Kokosöl
½ Avocado
160 g Hähnchenfleisch, gekocht
½ Zitrone
50 g Spinat
6 Basilikumblätter
Je 1 Prise Salz und Pfeffer
1 kleine Gurke

Nährwerte p. P.

356 kcal
8 g Kohlenhydrate
18 g Fett
30 g Eiweiß

1 Waschen Sie die Zucchini und schneiden Sie sie mit einem Sparschäler zu dünnen Nudeln.

2 Erhitzen Sie das Kokosöl in einer Pfanne und braten Sie die Zucchini-Nudeln darin 5 Minuten lang an, bis sie weich sind. Richten Sie die Nudeln auf einem tiefen Teller an.

3 Zerkleinern Sie das Hähnchenfleisch und das Avocado-Fruchtfleisch nach Belieben und verteilen Sie es darauf.

4 Pressen Sie die Zitrone aus. Pürieren Sie Zitronensaft, Spinat, Basilikumblätter, Salz, Pfeffer und die Gurke im Standmixer zu einer Soße.

5 Richten Sie diese auf den Nudeln an.

Tipp: Geeignet für Phase 2 und 3.

RINDERFILET-MEDAILLONS MIT ROTWEIN-SCHALOTTEN-REDUKTION

4 Port.

1,5 Std.

Leicht

Zutaten

3 Schalotten
30 g Butter
280 ml Portwein
250 ml Rotwein
200 ml Rinderfond
1 Sternanis
2 Zweige Rosmarin
2 Prisen Salz
1 Prise Pfeffer
10 g Zartbitterschokolade
2 TL Speisestärke
1 rote Paprika
1 Orange
4 Rindermedaillons
20 g Mandelkerne
20 g Sultaninen
1 Stange Zimt

Nährwerte p. P.

653 kcal
34 g Kohlenhydrate
32 g Fett
37 g Eiweiß

1 Würfeln Sie die Schalotten in kleine Stücke. Erhitzen Sie die Hälfte der Butter in einem Topf. Dünsten Sie die Hälfte der Schalottenwürfel darin glasig an. Löschen Sie das Ganze mit jeweils der Hälfte Portwein, Rotwein und Rinderfond ab. Geben Sie Sternanis, einen Zweig Rosmarin, Salz und Pfeffer hinzu. Köcheln Sie die Soße kräftig auf, bis sie sich auf 150 ml reduziert hat. Sieben Sie sie im Anschluss durch ein feines Sieb. Vermengen Sie die Stärke mit dem übrigen Portwein. Rühren Sie die Stärkemischung in die Soße und kochen Sie sie unter ständigem Rühren erneut auf. Hacken Sie die Schokolade fein und rühren Sie sie unter die Soße. Schmecken Sie sie mit Salz und Pfeffer ab. Stellen Sie die Soße warm.

2 Waschen und würfeln Sie die Paprika klein. Schneiden Sie die Orange in dünne Scheiben. Erhitzen Sie die übrige Butter in einem großen Topf. Dünsten Sie die Paprika zusammen mit den übrigen Schalotten, dem Zucker und einer Prise Salz darin 5 Minuten an. Löschen Sie das Ganze mit dem übrigen Wein und Rinderfond ab. Geben Sie den zweiten Rosmarinzweig, Mandelkerne, Sultaninen, Zimtstange und Orangenscheiben hinzu. Lassen Sie alles kurz aufkochen.

3 Heizen Sie den Backofen auf 180 Grad vor. Füllen Sie die Soße in eine geeignete Auflaufform um. Legen Sie die Rinderfilets hinein und garen Sie sie für 15 Minuten im Backofen. Geben Sie die Filets auf vorgewärmte Teller und garnieren Sie sie mit der Soße.

Tipp: Dazu schmeckt Gemüse. Geeignet für Phase 2 und 3.

ZITRONEN-KRÄUTER-HÄHNCHEN MIT GEBACKENEM SPARGEL

2 Port.

45 Min.

Leicht

Zutaten

2 Hähnchenbrustfilets mit Haut
1 Zitrone
350 g grüner Spargel
10 g Petersilie
6 EL Butter
100 g Mehl
Je 1 Prise Salz und Pfeffer
2 EL Olivenöl

Nährwerte p. P.

689 kcal
42 g Kohlenhydrate
37 g Fett
45 g Eiweiß

1 Heizen Sie den Backofen auf 200 Grad Ober-/Unterhitze vor. Geben Sie 2 EL Butter in eine Auflaufform und stellen Sie diese zum Vorheizen in den Backofen.

2 Halbieren Sie die Zitrone und pressen Sie den Saft aus. Reiben Sie die Schale ab. Schneiden Sie das holzige Ende des Spargels ab. Hacken Sie die Petersilie fein.

3 Wenden Sie die Hähnchenfilets in dem Mehl. Geben Sie die Stücke jetzt in die vorgeheizte Auflaufform und backen Sie das Fleisch darin für 15 Minuten. Wenden Sie das Fleisch nach dieser Zeit und backen Sie die andere Seite für weitere 10 Minuten.

4 Erhitzen Sie in der Zwischenzeit das Olivenöl in der Pfanne. Braten Sie den Spargel darin für 8 Minuten an. Wenden Sie ihn dabei regelmäßig, damit er von allen Seiten gleichmäßig braun wird. Nehmen Sie den Spargel aus der Pfanne.

5 Geben Sie die übrige Butter zu dem Öl. Würzen Sie die Mischung mit Salz, Pfeffer, Zitronensaft und Zitronenabrieb. Köcheln Sie die Soße auf, bis sie leicht dickflüssig wird. Geben Sie den Spargel anschließend zurück in die Pfanne und wenden Sie ihn noch einmal in der Soße.

6 Servieren Sie den Spargel zusammen mit dem Fleisch. Beträufeln Sie das Fleisch mit der Soße.

Tipp: Geeignet für Phase 3.

SCHARFES RINDERFILET MIT BROKKOLI-RÖSCHEN IN KNOBLAUCH-CHILI-SOẞE

 2 Port.

 1 Std.

 Mittel

Zutaten

300 g Rinderhüftsteaks
200 g Jasminreis
½ Brokkoli
Je 1 Prise Salz und Pfeffer
Etwas Wasser
1 Stück Ingwer, gerieben
1 Chilischote, grob gehackt
2 Zehen Knoblauch, gerieben
2 EL Sesamöl
1 TL brauner Zucker
1 TL Sesam
50 ml Sojasoße
20 g Hoisinsoße
100 ml Wasser
4 EL Maisstärke

Nährwerte p. P.

516 kcal
7 g Kohlenhydrate
21 g Fett
39 g Eiweiß

1 Bereiten Sie den Reis nach Packungsanweisung zu. Waschen Sie in der Zwischenzeit den Brokkoli und trennen Sie die Röschen ab. Bedecken Sie den Boden eines großen Topfs mit etwas Wasser. Geben Sie die Hälfte vom geriebenen Knoblauch und 1 Prise Salz hinzu und kochen Sie das Wasser auf. Geben Sie die Brokkoliröschen hinzu und schließen Sie den Topf. Garen Sie die Röschen darin für 5 Minuten.

2 Schalten Sie den Herd nach dieser Zeit aus und lassen Sie den Brokkoli weiterhin im geschlossenen Topf ruhen. Schneiden Sie das Fleisch in Streifen. Erhitzen Sie das Sesamöl in einer Pfanne. Braten Sie die Rinderstreifen darin etwa 2 Minuten von jeder Seite an. Geben Sie Ingwer, den restlichen Knoblauch, Chili, braunen Zucker, Sojasoße, Hoisinsoße und 90 ml Wasser hinzu. Kochen Sie das Ganze für etwa 3 Minuten kräftig auf.

3 Vermengen Sie die Maisstärke mit dem übrigen Wasser. Rühren Sie sie unter die Soße. Schmecken Sie die Soße mit Pfeffer ab. Richten Sie den Reis auf Teller an, übergießen Sie ihn mit etwas Soße und garnieren Sie ihn mit den Rindfleischstreifen und Sesam.

Tipp: Mit scharfen Lebensmitteln sollten Sie in der Regel vorsichtig umgehen, verzichten Sie in den ersten Monaten nach dem Eingriff also auf die Chilischote. Geeignet für Phase 3.

SCHARFES THAILÄNDISCHES BASILIKUM-HÄHNCHEN MIT JASMINREIS UND SPIEGELEI

2 Port.

30 Min.

Leicht

Zutaten

125 g Jasminreis
2 Stücke Hähnchen-brustfilet
1 rote Chilischote
3 Stängel Thai-Basilikum
½ TL Kurkuma
1 EL Olivenöl

Außerdem:
2 Eier
2 EL Öl
1 Limette

Nährwerte p. P.

520 kcal
43 g Kohlenhydrate
12 g Fett
14 g Eiweiß

Tipp: Geeignet für Phase 3.

1 Kochen Sie den Reis nach Packungsanweisung.

2 Schneiden Sie das Hähnchenfleisch in kleine Würfel. Schneiden Sie Chilischote und Basilikum in feine Stücke. Vermengen Sie das Fleisch mit Kurkuma, Olivenöl, Basilikum und der Chili.

3 Erhitzen Sie eine Pfanne oder einen Wok und braten Sie die Hähnchenwürfel darin, je nach Größe, mindestens 5 Minuten kräftig an. Richten Sie das Basilikum-Hähnchen auf dem Reis an.

4 Braten Sie die Eier mit dem Öl in einer Pfanne an. Wenden Sie das Spiegelei dabei nicht.

5 Waschen Sie die Limette und schneiden Sie sie in Spalten. Garnieren Sie das Gericht mit Limette und jeweils einem Spiegelei.

Hauptgerichte mit Fisch & Meeresfrüchten

MISO-GLASIERTE LACHSFILETS MIT GEDÄMPFTEM PAK CHOI

2 Port.

30 Min.

Leicht

Zutaten

250 g Lachsfilet
200 g Ramen
1 bis 2 Pak Choi
2 Frühlingszwiebeln
4 Zehen Knoblauch
1 Ingwerstück
1 Lauch
2 TL Miso
3 L Hühner- oder Gemüsebrühe
2 EL Tamari-Soße
2 EL Shaoxing-Reiswein
1 TL Fischsoße
1 TL Sesamöl

Nährwerte p. P.

494 kcal
40 g Kohlenhydrate
12 g Fett
17 g Eiweiß

Tipp: Geeignet für Phase 3.

1 Lassen Sie den Lachs vor dem Kochen auftauen.

2 Waschen Sie den Lauch und schneiden Sie ihn in Ringe. Schälen Sie den Knoblauch und würfeln Sie ihn fein. Reiben Sie den Ingwer.

3 Geben Sie alle Zutaten, bis auf Lachs und Ramen, in einen großen Topf und kochen Sie alles für 1 Stunde kräftig auf.

4 Geben Sie die Ramen in den letzten 10 Minuten hinzu und garen Sie sie in der Brühe.

5 Geben Sie den Lachs in eine Auflaufform und garen Sie ihn für 10 Minuten bei 180 Grad Umluft im Backofen. Verwenden Sie alternativ einen Dampfgarer.

6 Verteilen Sie den Miso-Eintopf auf tiefe Teller und geben Sie den Lachs darauf.

LACHS-BURGER MIT AVOCADO-CREME

 1 Port.  30 Min.  Mittel

Zutaten

120 g Lachsfilet, naturbelassen
1 TL Olivenöl
¼ Zwiebel
Je 1 Prise Salz und Pfeffer
1 TL Dill
1 TL Gartenkräuter
½ Tomate
½ Avocado
1 EL Limettensaft
1 Burger-Brötchen
1 EL Mayonnaise

Nährwerte p. P.

737 kcal
47 g Kohlenhydrate
45 g Fett
34 g Eiweiß

1 Lassen Sie den Lachs vor der Zubereitung vollständig auftauen. Erhitzen Sie das Olivenöl in einer Pfanne.

2 Schälen Sie die Zwiebel und schneiden Sie sie in kleine Würfel. Rösten Sie diese für ca. 3 Minuten kräftig in der Pfanne an. Nehmen Sie die Pfanne anschließend vom Herd.

3 Waschen und zerkleinern Sie die Kräuter gründlich. Waschen Sie die Tomate und schneiden Sie sie in kleine Würfel. Entfernen Sie den Kern der Avocado und würfeln Sie diese ebenfalls klein.

4 Vermengen Sie Zwiebelwürfel, Salz, Pfeffer, Dill, Gartenkräuter, Tomatenwürfel, Avocado und den Limettensaft miteinander.

5 Schneiden Sie den aufgetauten Lachs in kleine Würfel. Braten Sie jetzt die Lachswürfel in dem zurückgebliebenen Fett in der Pfanne an.

6 Bestreichen Sie die Burger-Brötchen mit der Mayonnaise.

7 Streichen Sie auf die untere Hälfte die Avocadocreme und verteilen Sie die Lachswürfel darauf.

Tipp: Dazu schmecken Pommes. Geeignet für Phase 3.

THAI-KOKOS-CURRY MIT GARNELEN UND GEMÜSE

 2 Port.

 30 Min.

 Leicht

Zutaten

1 Stange Lauch
1 Zehe Knoblauch
1 kleines Stück Ingwer
10 g Thai-Basilikum
2 Tomaten
150 g Sushireis
1 EL Öl
1 Pk. rote Currypaste
300 g Garnelen
200 ml Kokosmilch

Außerdem:
Salz, Pfeffer, Zucker

Nährwerte p. P.

611 kcal
75 g Kohlenhydrate
23 g Fett
23 g Eiweiß

Tipp: Geeignet für Phase 3.

1 Schälen bzw. waschen und schneiden Sie Lauch, Knoblauch, Ingwer, Basilikum und Tomaten in kleine Würfel.

2 Kochen Sie den Reis nach Packungsanweisung. Erhitzen Sie das Öl in einem Wok oder einer großen Pfanne.

3 Rösten Sie das gesamte Gemüse zusammen für rund 5 Minuten kräftig an. Rühren Sie es dabei regelmäßig um.

4 Geben Sie die Currypaste und die Garnelen hinzu und rösten Sie diese 2 Minuten lang unter ständigem Rühren mit an.

5 Löschen Sie das Ganze mit der Kokosmilch ab. Köcheln Sie das Curry 3 bis 4 Minuten lang kräftig auf.

6 Schmecken Sie es zum Abschluss mit Salz, Pfeffer und Zucker ab. Servieren Sie es im Anschluss zum Reis.

MEDITERRANE LACHS-PAPILLOTEN MIT TOMATEN-OLIVEN-SALSA

2 Port. | 40 Min. | Leicht

Zutaten

200 g Lachsfilet
2 Scheiben Zitrone
100 g Cherrytomaten
50 g grüne Oliven
20 g Kapern
1 Frühlingszwiebel
1 Zehe Knoblauch
1 Handvoll Basilikum

Nach Belieben:
Salz und Pfeffer

Nährwerte p. P.

469 kcal
5 g Kohlenhydrate
38 g Fett
24 g Eiweiß

1 Lassen Sie den Lachs bei Bedarf auftauen. Waschen Sie die Tomaten und halbieren Sie diese. Entkernen Sie die Oliven nach Bedarf.

2 Waschen Sie die Frühlingszwiebel und schneiden Sie sie in dünne Ringe. Schälen Sie den Knoblauch und pressen Sie ihn. Waschen Sie das Basilikum und lassen Sie es gut abtropfen.

3 Vermengen Sie alle bisher zerkleinerten Zutaten in einer großen Schüssel. Würzen Sie das Ganze nach Belieben mit Salz und Pfeffer. Rühren Sie jetzt die Kapern unter.

4 Geben Sie die Mischung in eine Auflaufform oder packen Sie sie in Alufolie ein. Legen Sie den Lachs und die Zitronenscheiben darauf.

5 Packen Sie das Alupäckchen ein und geben Sie es für 10 Minuten auf den Grill. Alternativ kann der Lachs in einer Auflaufform bei 200 Grad Umluft im Backofen gebacken werden.

Tipp: Geeignet für Phase 2 und 3.

LACHS MIT GEBRATENEM SESAM-BOK-CHOY

 2 Port.
 40 Min.
 Leicht

Zutaten

140 g schwarzer Reis
400 g Lachsfilet
1 EL Mehl
300 g Baby Pak Choi
1 TL Erdnussöl
Je 1 TL heller und dunkler Sesamsamen
2 TL Sesamöl
1 TL Miso

Für die Teriyaki-Soße:
3 TL Sake (japanisches Getränk)
3 TL Mirin (japanischer Reiswein)
2 EL Sojasoße
1 TL Zucker

Zum Garnieren:
1 Frühlingszwiebel, in Ringe geschnitten

Nährwerte p. P.

460 kcal
37 g Kohlenhydrate
14 g Fett
22 g Eiweiß

Tipp: Geeignet für Phase 2 und 3.

1 Vermengen Sie alle Zutaten für die Teriyaki-Soße miteinander, bis sich der Zucker aufgelöst hat.

2 Kochen Sie den Reis nach Packungsanweisung.

3 Waschen Sie in der Zwischenzeit den Lachs, tupfen Sie ihn trocken und wenden Sie ihn in dem Mehl. Waschen und putzen Sie den Baby Pak Choi.

4 Erhitzen Sie das Erdnussöl in einer Pfanne. Dünsten Sie den Baby Pak Choi darin 5 Minuten lang kräftig an.

5 Geben Sie die Sesamsamen, Sesamöl und Miso hinzu und schwenken Sie den Baby Pak Choi darin.

6 Nehmen Sie die Mischung jetzt aus der Pfanne und rösten Sie den Lachs in dem zurückgebliebenen Fett 4 Minuten von jeder Seite an.

7 Löschen Sie ihn mit der Teriyaki-Soße ab. Wenden Sie den Fisch darin, damit er von allen Seiten mit der Soße bedeckt ist.

8 Servieren Sie den Fisch zusammen mit der Gemüsemischung und dem Reis. Garnieren Sie das Gericht mit den Frühlingszwiebeln.

GEGRILLTE JAKOBSMUSCHELN MIT MANGO-AVOCADO-SALSA

2 Port. | 30 Min. | Leicht

Zutaten

Für die Jakobsmuscheln:
6 große, ausgelöste Jakobsmuscheln
100 g Butter
50 ml Sonnenblumenöl
Je 1 Prise Meersalz und Pfeffer

Für die Salsa:
10 reife Cherrytomaten
1 Zehe Knoblauch
1 rote Chilischote
½ Mango
1 Limette
60 g Pinienkerne
1 TL Lavendelhonig
1 Spritzer Chilisoße
30 ml Apfelessig
100 ml fruchtiges Olivenöl
1 Zweig Koriander
Je 1 Prise gemahlene Korianderkörner, Meersalz und Pfeffer

1 Entkernen Sie die Avocado, lösen Sie das Fruchtfleisch aus und würfeln Sie es. Schälen Sie den Apfel und würfeln Sie ihn klein. Halbieren Sie die Limette und pressen Sie den Saft aus.

2 Vermengen Sie Apfel- und Avocadowürfel mit Limettensaft, geriebenem Ingwer, Salz und Pfeffer. Schmelzen Sie die Butter.

3 Waschen Sie die Muscheln, tupfen Sie sie trocken und halbieren Sie diese. Würzen Sie sie mit Salz und Pfeffer und bepinseln Sie sie mit der Butter.

4 Erhitzen Sie das Sonnenblumenöl in einer Pfanne. Rösten Sie die Jakobsmuscheln zusammen mit dem Thymianzweig darin ca. 20 Sekunden kräftig an. Nehmen Sie sie aus der Pfanne.

5 Bereiten Sie jetzt die Salsa zu. Halbieren Sie die Tomaten. Pressen Sie den Knoblauch. Schälen Sie die Mango und würfeln Sie das Fruchtfleisch klein.

6 Schneiden Sie die Chili der Länge nach auf, entfernen Sie die Kerne und hacken Sie die Schote klein.Halbieren Sie die Limette und pressen Sie den Saft aus. Vermengen Sie jetzt alle angegebenen Zutaten für die Salsa.

Außerdem:
200 g Avocado
1 Apfel
1 Limette
1 Stück Ingwer, gerieben
Je 1 Prise Meersalz und Pfeffer
Je ½ Bund Koriander und Estragon

Nährwerte p. P.

384 kcal
33 g Kohlenhydrate
18 g Fett
26 g Eiweiß

Tipp: Geeignet für Phase 2 und 3.

7 Servieren Sie die Jakobsmuscheln zu der Salsa und reichen Sie den Apfel-Avocado-Salat als Beilage.

8 Hacken Sie Koriander und Estragon klein und garnieren Sie das Gericht mit den Kräutern.

THAI-KOKOS-CURRY MIT GARNELEN UND ZUCKERSCHOTEN

6 Port.

30 Min.

Leicht

Zutaten

250 g Langkornreis
Je 1 Prise Salz und Pfeffer
200 g Zuckerschoten
2 Frühlingszwiebeln
1 TL Sonnenblumenöl
600 g Garnelen
1 Zehe Knoblauch
1 Stück Ingwer
1 TL Currypulver
1 Msp. Chilipulver
1 EL Limettensaft
300 ml Kokosmilch
½ Bund Koriander

Nährwerte p. P.

380 kcal
40 g Kohlenhydrate
14 g Fett
24 g Eiweiß

1 Kochen Sie den Reis nach Packungsanweisung in ausreichend gesalzenem Wasser.

2 Waschen und putzen Sie in der Zwischenzeit die Zuckerschoten. Waschen Sie die Frühlingszwiebeln und schneiden Sie diese in dünne Ringe.

3 Blanchieren Sie die Zuckerschoten für 2 Minuten in Salzwasser. Schrecken Sie sie im Anschluss mit kaltem Wasser ab.

4 Erhitzen Sie das Öl in einer Pfanne. Braten Sie die Garnelen darin 3 bis 4 Minuten lang an.

5 Schälen und reiben Sie Knoblauch und Ingwer. Geben Sie beides zu den Garnelen in die Pfanne. Geben Sie Zuckerschoten und Frühlingszwiebeln ebenfalls hinzu.

6 Würzen Sie das Ganze mit Currypulver, Chilipulver, Pfeffer und Limettensaft. Löschen Sie das Curry jetzt mit der Kokosmilch ab und garen Sie es für 5 Minuten bei mittlerer Wärmezufuhr.

7 Zerkleinern Sie den Koriander grob. Servieren Sie das Curry zu einer Portion Reis und garnieren Sie das Gericht mit dem Koriander.

Tipp: Geeignet für Phase 2 und 3.

Vegetarische Hauptgerichte

ROTE-BETE-RISOTTO MIT ZIEGENKÄSE UND WALNÜSSEN

2 Port.

35 Min.

Leicht

Zutaten

2 Rote Bete
1 Zehe Knoblauch
1 EL Olivenöl
200 g Risottoreis
1 TL Gemüsebrühe
800 ml Wasser
1 EL Balsamicoessig
10 g Dill
10 g Schnittlauch
50 g Rucola
1 Pk. Ziegenkäse
25 g Walnüsse

Außerdem:
Salz und Pfeffer

Nährwerte p. P.

765 kcal
97 g Kohlenhydrate
30 g Fett
23 g Eiweiß

1 Reiben Sie die Rote Bete klein. Schälen Sie die Knoblauchzehe und würfeln Sie sie fein.

2 Erhitzen Sie das Öl in einem Topf. Dünsten Sie Reis, Rote Bete und Knoblauch darin 3 Minuten lang kräftig an. Löschen Sie das Ganze mit Wasser, Gemüsebrühe und dem Balsamicoessig ab.

3 Köcheln Sie die Reismischung für 20 Minuten bei niedriger Wärmezufuhr. Verlängern Sie die Garzeit auf bis zu 30 Minuten, falls der Reis deutlich weicher werden soll.

4 Zerkleinern Sie in der Zwischenzeit die Kräuter und den Ziegenkäse. Waschen Sie den Rucola. Vermengen Sie Dill, Schnittlauch und Rucola mit Salz und Pfeffer.

5 Richten Sie das lauwarme Risotto auf Teller an.

6 Verteilen Sie eine kleine Menge Rucola-Salat darauf. Garnieren Sie das Gericht mit dem zerkleinerten Ziegenkäse und einigen Walnüssen.

Tipp: Geeignet für Phase 2 und 3.

GEBACKENE AUBERGINEN-RÖLLCHEN MIT SPINAT UND RICOTTA

 2 Port.

 40 Min.

 Mittel

Zutaten

250 g Blattspinat
1 L kräftig gesalzenes Wasser
1 Prise Salz
1 kleine Aubergine
2 EL Olivenöl
1 Zehe Knoblauch
1 Zwiebel
250 g stückige Tomaten
1 EL Schmand
1 TL getrocknetes Basilikum
1 Prise Pfeffer
60 g Frischkäse
60 g Ricotta
½ Zitrone

Nährwerte p. P.

392 kcal
14 g Kohlenhydrate
30 g Fett
14 g Eiweiß

1 Waschen Sie den Spinat und schütteln Sie ihn trocken. Bringen Sie das Wasser zum Kochen und blanchieren Sie den Spinat darin für 30 Sekunden. Schrecken Sie ihn anschließend sofort mit kaltem Wasser ab. Zerkleinern Sie ihn grob. Waschen Sie die Aubergine und schneiden Sie sie in dünne Scheiben. Salzen Sie sie kräftig und lassen Sie sie 10 Minuten lang im Wasser ziehen.

2 Erhitzen Sie das Olivenöl in einer Pfanne. Braten Sie die Auberginenscheiben darin 3 bis 4 Minuten von jeder Seite an. Nehmen Sie sie aus der Pfanne.

3 Schälen Sie die Zwiebel und den Knoblauch und hacken Sie diese in feine Würfel. Rösten Sie die Würfel in dem zurückgebliebenen Fett glasig an. Geben Sie Tomaten, Schmand, Basilikum und Pfeffer hinzu. Köcheln Sie die Soße 5 Minuten lang kräftig auf.

4 Heizen Sie in dieser Zeit den Backofen auf 180 Grad Ober-/ Unterhitze vor. Geben Sie die Tomatensoße in eine Auflaufform.

5 Füllen Sie die Auberginenscheiben mit Frischkäse, Ricotta und dem Spinat. Rollen Sie sie ein und geben Sie die Röllchen mit der Naht nach unten in die Auflaufform.

6 Pressen Sie die Zitrone aus und verteilen Sie den Saft gleichmäßig darüber. Geben Sie die Auflaufform für 30 Minuten in den Backofen.

Tipp: Geeignet für Phase 2 und 3.

SÜẞKARTOFFEL-HASH MIT POCHIERTEN EIERN UND AVOCADO

2 Port. 30 Min. Leicht

Zutaten

2 Avocados
1 rote Zwiebel
1 große Süßkartoffel
4 Eier
1 Prise Kräutersalz

Nährwerte p. P.

280 kcal
33 g Kohlenhydrate
20 g Fett
19 g Eiweiß

1 Halbieren Sie die Avocado und entfernen Sie den Kern. Entnehmen Sie das Fruchtfleisch mit einem Esslöffel, damit die Form erhalten bleibt. Schneiden Sie es in Spalten.

2 Schälen Sie die Zwiebel und schneiden Sie sie in dünne Spalten. Schälen Sie die Süßkartoffel und schneiden Sie sie in Scheiben.

3 Toasten Sie die Süßkartoffelscheiben im Toaster, je nach Dicke, 3 bis 4 Minuten. Sie sollten vollständig durchgegart, jedoch nicht zu fest sein.

4 Bringen Sie ausreichend Salzwasser zum Kochen. Schlagen Sie die Eier einzeln in kleine Tassen auf.

5 Lassen Sie die Eier nacheinander langsam und vorsichtig in das kochende Wasser gleiten. Pochieren Sie sie darin für 5 bis 7 Minuten. Entnehmen Sie die pochierten Eier vorsichtig mithilfe eines Schaumlöffels.

6 Legen Sie jeweils 2 bis 3 Scheiben Avocado auf einen Süßkartoffeltoast. Geben Sie nach Belieben Zwiebelspalten darauf und im Anschluss zwei pochierte Eier.

7 Salzen Sie das Ganze nach Belieben mit dem Kräutersalz.

Tipp: Geeignet für Phase 3.

MEDITERRANE QUINOA-STUFFING-PAPRIKA MIT FETA UND OLIVEN

3 Port.

40 Min.

Mittel

Zutaten

250 g Quinoa
600 ml Wasser
200 g Cherrytomaten
½ Zwiebel
3 Paprika
2 Zehen Knoblauch
250 g Feta
1 Handvoll Oliven
Je 1 Prise Salz und Pfeffer
2 EL Olivenöl

Für die Tomatensoße:
1 EL Olivenöl
½ Zwiebel
1 Zehe Knoblauch
1 Dose stückige Tomaten
1 Stange Zimt
1 Sternanis

Nach Belieben:
Salz und Pfeffer

Nährwerte p. P.

640 kcal
52 g Kohlenhydrate
33 g Fett
65 g Eiweiß

1 Waschen Sie die Quinoa zunächst mit heißem Wasser ab. Schälen Sie Zwiebel und Knoblauch und würfeln Sie alles fein. Waschen und halbieren Sie die Tomaten. Erhitzen Sie das Öl in einer Pfanne. Dünsten Sie Zwiebel- und Knoblauchwürfel darin glasig an. Geben Sie die halbierten Tomaten hinzu und wenden Sie diese kurz in der Pfanne. Rühren Sie die Quinoa unter und löschen Sie alles mit dem Wasser ab. Würzen Sie mit Salz und Pfeffer und köcheln Sie die Mischung für 20 bis 25 Minuten.

2 Bereiten Sie in der Zwischenzeit die Paprika vor. Waschen Sie sie gründlich, entfernen Sie den Deckel, halbieren Sie sie und entfernen Sie die Kerne sowie die weißen Stellen im Inneren. Heizen Sie den Backofen auf 180 Grad Umluft vor. Legen Sie die Paprika auf ein vorbereitetes Backblech.

3 Vierteln Sie die Oliven und zerbröseln Sie den Feta. Geben Sie Oliven und die Hälfte des Fetas zu der Quinoa. Befüllen Sie die Paprika damit. Verteilen Sie den übrigen Feta darauf. Backen Sie sie für 15 bis 20 Minuten im vorgeheizten Backofen.

4 Bereiten Sie in der Zwischenzeit die Tomatensoße zu. Schälen und würfeln Sie die Zwiebeln und den Knoblauch. Erhitzen Sie das Öl in einer Pfanne. Dünsten Sie die Zwiebel- und Knoblauchwürfel darin glasig an. Löschen Sie diese mit den Tomaten ab und geben Sie Zimtstange, Sternanis sowie Salz und Pfeffer hinzu. Köcheln Sie die Soße 10 Minuten bei mittlerer Wärmezufuhr. Nehmen Sie die Zimtstange und Sternanis nach der Garzeit wieder heraus. Servieren Sie die Soße zu der warmen Paprika.

Tipp: Geeignet für Phase 3.

PILZ-RISOTTO MIT TRÜFFELÖL UND PARMESAN-CHIPS

4 Port.

30 Min.

Leicht

Zutaten

1 Zwiebel
2 EL Butter
200 g Steinpilze
400 g Risottoreis
1 L Gemüsebrühe
2 Lorbeerblätter
Je 1 Prise Salz und Pfeffer
2 EL Trüffelöl
40 g Pecorino, gerieben
40 g Parmesan, grob zerkleinert

Nährwerte p. P.

344 kcal
31 g Kohlenhydrate
8 g Fett
22 g Eiweiß

Tipp: Geeignet für Phase 2 und 3.

1 Schälen Sie die Zwiebel und schneiden Sie sie in feine Würfel.

2 Erhitzen Sie die Butter in einem Topf. Dünsten Sie die Zwiebelwürfel darin glasig an.

3 Waschen Sie die Pilze und schneiden Sie sie in Scheiben oder kleine Würfel. Geben Sie sie zu den Zwiebeln und braten Sie sie 2 Minuten lang mit an.

4 Rühren Sie den Reis, Gemüsebrühe, Lorbeerblätter, Salz und Pfeffer unter. Garen Sie das Ganze für etwa 20 Minuten. Verlängern Sie die Garzeit nach Bedarf (beispielsweise für Phase 2).

5 Rühren Sie Trüffelöl und Pecorino unter. Garnieren Sie das Risotto mit den Parmesan-Chips.

GEFÜLLTE PORTOBELLO-PILZE MIT SPINAT, FETA UND PINIENKERNEN VOM GRILL

4 Port.

30 Min.

Leicht

Zutaten

4 Riesenchampignons
350 g Spinat
1 Zehe Knoblauch
50 g Pinienkerne
50 g Rosinen
200 g Feta
5 EL Öl

Nach Belieben:
Salz und Pfeffer

Nährwerte p. P.

315 kcal
10 g Kohlenhydrate
24 g Fett
10 g Eiweiß

1 Waschen Sie die Pilze. Waschen und putzen Sie den Spinat. Schälen Sie den Knoblauch und hacken Sie ihn fein.

2 Erhitzen Sie 1 EL Olivenöl in einer Pfanne. Dünsten Sie den Knoblauch darin kurz kräftig an. Geben Sie den Spinat hinzu und dünsten Sie ihn 2 Minuten lang mit an, bis er in der Pfanne zusammenfällt. Würzen Sie ihn mit Salz und Pfeffer und nehmen Sie ihn aus der Pfanne.

3 Lassen Sie ihn über einem Sieb abtropfen. Schneiden Sie ihn im Anschluss klein. Rösten Sie jetzt die Pinienkerne ohne Zugabe von Fett in der Pfanne an.

4 Zerbröseln Sie den Feta. Vermengen Sie Spinat, Pinienkerne, Rosinen und Feta und schmecken Sie die Mischung erneut mit Salz und Pfeffer ab. Entfernen Sie den Stiel der Pilze. Bepinseln Sie sie mit dem übrigen Olivenöl.

5 Verteilen Sie die Spinatfüllung gleichmäßig auf den Pilzen. Drücken Sie sie darin fest. Grillen Sie die Pilze für etwa 15 Minuten auf dem Grill.

Tipp: Geeignet für Phase 2 und 3.

AUBERGINEN-SCHEIBEN MIT TOMATEN-BASILIKUM-SALSA

2 Port. 20 Min. Leicht

Zutaten

1 Aubergine
2 Prisen Salz
½ Gemüsezwiebel
1 Zehe Knoblauch
1 EL Basilikum, getrocknet
2 Tomaten
1 Prise Pfeffer
1 TL Balsamicoessig, dunkel
25 g Mandeln, gemahlen
50 g Paniermehl
1 Ei
1 EL Mehl
2 EL Öl

Nährwerte p. P.

396 kcal
44 g Kohlenhydrate
20 g Fett
14 g Eiweiß

1 Waschen Sie die Aubergine, entfernen Sie die Enden und schneiden Sie sie in ca. 1 cm dicke Scheiben. Salzen Sie die Scheiben kräftig und lassen Sie diese ca. 10 Minuten Wasser ziehen.

2 Schälen Sie Zwiebeln und Knoblauch. Waschen Sie die Tomaten. Schneiden Sie alles in kleine Würfel.

3 Vermengen Sie Zwiebeln, Knoblauch, Basilikum, Tomaten, Pfeffer und Balsamicoessig zu einer Salsa.

4 Geben Sie das Mehl auf einen flachen Teller. Geben Sie Mandeln und Paniermehl zusammen in einen tiefen Teller. Verquirlen Sie das Ei in einem weiteren Teller.

5 Wenden Sie die Auberginenscheiben zunächst im Mehl, dann in dem Ei und zum Abschluss in der Paniermehlmischung.

6 Erhitzen Sie das Öl in einer Pfanne. Braten Sie die panierten Scheiben darin 4 Minuten lang goldbraun an.

7 Servieren Sie sie zu der Salsa.

Tipp: Geeignet für Phase 2 und 3.

Vegane Hauptgerichte

TOFU-BOWL

1 Port. 1,5 Std. Leicht

Zutaten

200 g Tofu
300 g frischer Blumenkohl
100 g Cherrytomaten
100 g Gurken
50 g Mais
50 g Champignons
1 EL Olivenöl

Für die Tofu-Marinade:
1 EL Senf
1 EL Agavendicksaft
2 EL Weißweinessig

Für das Salat-Dressing:
½ EL Olivenöl
1 EL Weißweinessig
2 EL Sojajoghurt
Nach Belieben: gemischte Gartenkräuter
5 EL Wasser

Außerdem:
Knoblauchpulver, Salz und Pfeffer

Nährwerte p. P.

435 kcal
29 g Kohlenhydrate
19 g Fett
34 g Eiweiß

1 Legen Sie den Tofu für 1 Stunde in ausreichend Wasser ein. Drücken Sie ihn anschließend vorsichtig aus und schneiden Sie ihn in mundgerechte Stücke.

2 Vermengen Sie alle angegebenen Zutaten für die Tofu-Marinade miteinander. Schmecken Sie diese mit Salz, Pfeffer und Knoblauchpulver ab. Geben Sie die Tofu-Würfel hinzu und lassen Sie diese darin für ca. 30 Minuten ruhen. Heizen Sie in der Zwischenzeit den Backofen auf 200 Grad Umluft vor.

3 Waschen Sie den Blumenkohl und zerkleinern Sie ihn mit einem Mixer. Verteilen Sie ihn auf einem mit Backpapier ausgelegten Backblech. Backen Sie ihn darauf für 15 Minuten im vorgeheizten Backofen. Waschen Sie in der Zwischenzeit das übrige Gemüse und schneiden Sie alles in kleine Würfel.

4 Erhitzen Sie das Olivenöl in einer Pfanne. Braten Sie die Tofu-Würfel bei mittlerer Wärmezufuhr für 5 Minuten an. Vermengen Sie das zerkleinerte Gemüse mit dem Tofu in einer Schüssel. Verteilen Sie den lauwarmen Blumenkohlreis darüber.

5 Bereiten Sie aus den angegebenen Zutaten für das Dressing ein Salat-Dressing zu. Vermengen Sie alle Zutaten so lange, bis sich eine homogene Masse gebildet hat. Schmecken Sie es mit Salz, Pfeffer und Knoblauchpulver ab. Garnieren Sie die Bowl damit.

Tipp: Geeignet für Phase 2 (teilweise püriert) und 3.

TOFU-REIS-PFANNE MIT GEMÜSE

1 Port.

20 Min.

Leicht

Zutaten

60 g Jasminreis
200 g Tofu
½ EL Kokosöl
1 keine Chilischote
Ca. 5 g Ingwer
1 Zehe Knoblauch
100 g Zwiebeln
100 g Paprika
100 g Zucchini
100 g Möhre

Nach Belieben:
Sojasoße, Agavendicksaft

Zum Garnieren:
Sesamsamen (optional)

Nährwerte p. P.

580 kcal
43 g Kohlenhydrate
19 g Fett
28 g Eiweiß

1 Legen Sie den Tofu vor dem Kochen für ca. 1 Stunde in ausreichend Wasser. Drücken Sie ihn im Anschluss vorsichtig aus und schneiden Sie ihn in mundgerechte Würfel.

2 Schälen und waschen Sie die übrigen Zutaten. Reiben Sie Ingwer und Knoblauch fein. Schneiden Sie das übrige Gemüse in kleine Würfel.

3 Kochen Sie den Reis nach Packungsanweisung. Erhitzen Sie in der Zwischenzeit das Kokosöl in einer Pfanne. Braten Sie darin das gesamte Gemüse gemeinsam für ca. 8 Minuten mit leichter Wärmezufuhr an. Wenden Sie es dabei regelmäßig.

4 Würzen Sie die Gemüsemischung nach Belieben mit Sojasoße und Agavendicksaft.

5 Braten Sie die Tofu-Würfel in einer separaten Pfanne, ohne Zugabe von Fett, an. Heben Sie sie im Anschluss vorsichtig unter das Gemüse.

6 Richten Sie Reis, Gemüse und die Tofu-Würfel gemeinsam auf einem tiefen Teller an.

7 Garnieren Sie das Gericht nach Belieben mit Sesamsamen.

Tipp: Geeignet für Phase 2 (püriert) und 3.

KNUSPRIGE BLUMENKOHL-TACOS MIT CHIPOTLE-CREME

2 Port. 35 Min. Leicht

Zutaten

½ Blumenkohl
2 EL Öl
½ Limette
½ TL Salz
1 Zehe Knoblauch
8 Tortillas

Für die Chipotle-Creme:
100 ml vegane Mayonnaise
1 TL Chipotle, geschrotet
1 TL Paprikapulver
½ Limette

Zum Garnieren:
1 Möhre
1 rote Zwiebel

Nährwerte p. P.

600 kcal
39 g Kohlenhydrate
18 g Fett
13 g Eiweiß

1 Heizen Sie den Backofen auf 200 Grad Ober-/ Unterhitze vor.

2 Waschen Sie den Blumenkohl gründlich und zerteilen Sie ihn in kleine Röschen. Geben Sie diese in eine Auflaufform.

3 Vermengen Sie Öl, Limettensaft und Salz miteinander. Pressen Sie den Knoblauch in die Mischung. Verteilen Sie das Ganze auf den Blumenkohlröschen.

4 Backen Sie diese für 20 Minuten im vorgeheizten Backofen. Wenden Sie ihn nach 10 Minuten.

5 Schälen Sie in der Zwischenzeit Möhre und Zwiebel. Schneiden Sie beides in dünne Streifen.

6 Vermengen Sie alle angegebenen Zutaten für die Chipotle-Creme.

7 Erhitzen Sie die Tortillas kurz in der Pfanne oder der Mikrowelle. Achten Sie dabei auf die Packungsanweisung.

8 Belegen Sie die Tortillas mit dem gerösteten Blumenkohl. Verteilen Sie die Chipotle-Creme darauf und garnieren Sie die Tortillas mit einigen Möhren- und Zwiebelstreifen.

9 Rollen Sie sie zusammen und servieren Sie sie lauwarm.

Tipp: Geeignet für Phase 3.

BLUMENKOHL-STEAKS MIT PETERSILIENPESTO

4 Port.

40 Min.

Leicht

Zutaten

Für das Pesto:
20 g Pinienkerne
30 g Cashewkerne
10 g Haferflocken
60 g Petersilie
1 Zehe Knoblauch
75 ml Olivenöl

Nach Belieben:
Salz und Pfeffer

Für die Blumenkohl-Steaks:
2 Köpfe Blumenkohl
2 EL Öl
2 EL Sojasoße
1 EL Balsamicoessig
½ EL Ahornsirup
½ TL gemahlener Kreuzkümmel
Je 1 Prise Salz und Pfeffer
60 g Kichererbsenmehl
3 EL Haferflocken
1 TL Paprikapulver

Nährwerte p. P.

540 kcal
45 g Kohlenhydrate
20 g Fett
18 g Eiweiß

Tipp: Geeignet für Phase 2 und 3.

1 Beginnen Sie mit dem Pesto. Rösten Sie die Pinienkerne ohne Zugabe von Fett an. Lassen Sie sie kurz abkühlen. Geben Sie jetzt alle Zutaten für das Pesto in einen Standmixer und pürieren Sie alles zu einer homogenen Masse, möglichst ohne Stücke. Schmecken Sie es mit Salz und Pfeffer ab.

2 Waschen und putzen Sie den Blumenkohl. Schneiden Sie die Köpfe jetzt in ca. 4 cm dicke Scheiben. Entfernen Sie je nach Dicke den Stiel. Bringen Sie ausreichend Wasser zum Kochen. Garen Sie die Blumenkohlscheiben darin für 4 Minuten.

3 Heizen Sie den Backofen auf 210 Grad Ober-/Unterhitze vor.

4 Vermengen Sie in der Zwischenzeit alle übrigen Zutaten zu einer Panade. Wenden Sie die Blumenkohlscheiben darin.

5 Legen Sie sie auf ein mit Backpapier ausgelegtes Backblech. Backen Sie die Blumenkohl-Steaks für 25 bis 30 Minuten. Servieren Sie sie mit dem Pesto.

ZUCCHINI-PASTA MIT AVOCADO-PESTO UND GERÖSTETEN CHERRYTOMATEN

2 Port.

40 Min.

Leicht

Zutaten

Für das Pesto:
15 g Pinienkerne
2 bis 3 Stiele Basilikum
1 Avocado
1 Prise Salz
1 ½ EL Zitronensaft

Für die Pasta:
400 g Zucchini
125 g Linguine
1 Prise Salz
200 g Cherrytomaten
1 EL Olivenöl

Nährwerte p. P.

489 kcal
54 g Kohlenhydrate
20 g Fett
15 g Eiweiß

1 Halbieren Sie die Avocado, entkernen Sie sie und schneiden Sie das Fruchtfleisch in Stücke. Pürieren Sie jetzt alle Zutaten für das Pesto zu einer homogenen Masse.

2 Waschen Sie die Zucchini, entfernen Sie die Enden. Verarbeiten Sie die Zucchini mit einem Spiralschneider oder Sparschäler zu dünnen Nudeln. Salzen Sie diese kräftig und lassen Sie sie in einem feinen Sieb gut abtropfen.

3 Bringen Sie in der Zwischenzeit ausreichend gesalzenes Wasser zum Kochen. Kochen Sie die Linguine darin nach Packungsanweisung gar. Geben Sie die Zucchininudeln in den letzten 3 Minuten der Garzeit hinzu.

4 Gießen Sie die Nudelmischung im Anschluss über dem Sieb ab. Fangen Sie dabei ca. 100 ml Nudelwasser auf und rühren Sie dieses unter das Pesto.

5 Erhitzen Sie jetzt das Öl im bereits verwendeten Topf. Rösten Sie die Cherrytomaten darin im Ganzen ca. 2 Minuten an.

6 Richten Sie das Pesto mit den Nudeln an und garnieren Sie das Gericht mit einigen Cherrytomaten.

Tipp: Geeignet für Phase 2 und 3.

GEBACKENE SÜẞKARTOFFEL-WEDGES MIT GRIECHISCHEM JOGHURT-DIP UND MINZE

 2 Port.

 50 Min.

 Leicht

Zutaten

Für den Dip:
2 Zweige Oregano
2 Zweige Minze
150 g griechischer Joghurt (10 % Fett)
1 Prise Meersalz
½ TL Zucker
2 EL Wasser
1 EL Olivenöl

Für die Wedges:
500 g Süßkartoffeln
1 Prise Meersalz
2 EL Olivenöl

Nährwerte p. P.

352 kcal
67 g Kohlenhydrate
3 g Fett
6 g Eiweiß

Tipp: Geeignet für Phase 3

1 Waschen Sie die Kräuter und hacken Sie sie klein. Vermengen Sie alle Zutaten für den Dip miteinander, bis sich der Zucker aufgelöst hat. Stellen Sie das Dressing kalt.

2 Heizen Sie den Backofen auf 200 Grad Ober-/Unterhitze vor.

3 Waschen Sie die Süßkartoffeln und schneiden Sie sie der Länge nach zu Wedges. Vermengen Sie sie mit Meersalz und Olivenöl in einer Schüssel.

4 Verteilen Sie sie auf einem mit Backpapier ausgelegten Backblech. Backen Sie die Wedges für 20 bis 25 Minuten im Backofen.

5 Servieren Sie den Dip zu den Wedges.

GEFÜLLTE PAPRIKA MIT QUINOA, SCHWARZEN BOHNEN UND MAIS

4 Port. 40 Min. Leicht

Zutaten

4 Paprika
1 Tasse Quinoa
1 Dose schwarze Bohnen
1 Dose Mais
½ Tasse Salsa nach Wahl

Nährwerte p. P.

643 kcal
48 g Kohlenhydrate
30 g Fett
31 g Eiweiß

1 Heizen Sie den Backofen auf 180 Grad Umluft vor.

2 Waschen und köpfen Sie die Paprika. Heben Sie den Deckel dabei auf. Entfernen Sie die Kerne und weißen Stellen aus dem Inneren der Paprika.

3 Bereiten Sie die Quinoa nach Packungsanweisung zu.

4 Waschen Sie die Bohnen und den Mais in einem Sieb ab. Vermengen Sie Quinoa, Bohnen und Mais miteinander.

5 Befüllen Sie die Paprika mit der Mischung. Geben Sie den Deckel wieder darauf und legen Sie sie in eine große Auflaufform. Verteilen Sie die Salsa darüber.

6 Backen Sie das Ganze für 20 bis 25 Minuten im Backofen. Die Paprika sollten schön weich geworden sein.

Tipp: Für eine nicht vegane Variante können Sie die Paprika zusätzlich mit Käse bestreuen. Geeignet für Phase 2 und 3.

Fingerfood & Snacks

HÄHNCHEN-SATAY-SPIESSE MIT ERDNUSS-DIP UND GURKENSALAT

8 Port. 1 Std. Leicht

Zutaten

750 g Hähnchenfleisch

Für die Marinade:
1 Zehe Knoblauch
2 EL Sojasoße
2 EL Sesamöl
Saft einer ½ Limette
2 TL Sambal Oelek
1 EL Ahornsirup

Für den Gurkensalat:
2 Gurken
100 ml Reisessig
2 EL brauner Zucker
1 EL Sojasoße
1 Chilischote
1 Zehe Knoblauch
2 TL Sesamöl
1 Prise Salz
1 EL Sesam, geröstet

Für die Erdnusssoße:
150 g Erdnüsse, geröstet
250 ml Kokosmilch
2 EL Erdnussöl
1 Zehe Knoblauch
1 TL Ingwer, gerieben
2 EL dunkle Sojasoße
Saft einer Limette
1 EL Currypulver

Nährwerte p. P.

320 kcal
33 g Kohlenhydrate
13 g Fett
11 g Eiweiß

Tipp: Geeignet für Phase 3.

1 Vermengen Sie alle Zutaten für die Marinade miteinander.

2 Schneiden Sie das Hähnchenfleisch in Würfel und wenden Sie es in der Marinade. Spießen Sie die Stücke jetzt auf lange Holzspieße.

3 Erhitzen Sie eine Pfanne und braten Sie die Spieße nach und nach darin an. Alternativ eignen sich die Spieße auch für den Grill.

4 Bereiten Sie jetzt den Gurkensalat zu. Hobeln Sie die Gurken. Schälen Sie den Knoblauch und pressen Sie ihn zu den Gurken. Rühren Sie die übrigen Zutaten hinzu und lassen Sie den Salat 10 Minuten ziehen.

5 Vermengen Sie alle Zutaten für die Erdnusssoße miteinander. Richten Sie die Spieße mit der Soße an. Reichen Sie dazu den Gurkensalat.

LACHS-SPINAT-ROLLE MIT FRISCHKÄSE UND DILL

2 Port.

35 Min.

Leicht

Zutaten

160 g Rahmspinat
2 Eier
200 g Gouda, gerieben
200 g Frischkäse
1 TL Dill
Je 1 Prise Salz und Pfeffer
200 g Räucherlachs

Nach Belieben:
Meerrettich

Nährwerte p. P.

792 kcal
9 g Kohlenhydrate
45 g Fett
41 g Eiweiß

1 Heizen Sie den Backofen auf 200 Grad Ober-/Unterhitze vor.

2 Vermengen Sie Rahmspinat und Eier miteinander. Verteilen Sie die Masse auf einem mit Backpapier ausgelegten Backblech. Geben Sie den Käse darüber und verteilen Sie ihn gleichmäßig.

3 Backen Sie das Ganze für ca. 12 Minuten im vorgeheizten Backofen. Der Käse sollte goldbraun sein.

4 Schmecken Sie den Frischkäse mit Dill, Salz, Pfeffer und Meerrettich ab. Verteilen Sie ihn auf der Spinatmasse.

5 Legen Sie jetzt den Räucherlachs gleichmäßig darüber. Rollen Sie alles zu einer festen, langen Rolle zusammen.

6 Geben Sie diese für 1 Stunde in den Kühlschrank. Schneiden Sie nach der Ruhezeit dünne Rollen daraus.

Tipp: Geeignet für Phase 2 und 3.

HÄHNCHEN-ENCHILADAS MIT MAIS UND SCHWARZEN BOHNEN IN GRÜNER SOẞE

6 Port.

40 Min.

Leicht

Zutaten

1 EL Öl
1 EL Tomatenmark
Je 1 TL Currypulver und Kurkuma
Je 1 Prise Salz und Pfeffer
1 EL Mehl
150 ml Wasser
6 Tortillas
200 g Gouda, gerieben
1 grüne Jalapeño
200 g Babyspinat
1 Frühlingszwiebel
1 Dose schwarze Bohnen
1 Dose Mais

Nährwerte p. P.

800 kcal
70 g Kohlenhydrate
36 g Fett
40 g Eiweiß

1 Heizen Sie den Backofen auf 200 Grad Umluft vor.

2 Erhitzen Sie Öl, Tomatenmark und die Gewürze in einem kleinen Topf. Rühren Sie das Mehl und Wasser unter. Köcheln Sie die Soße 10 Minuten bei geringer Wärmezufuhr.

3 Waschen Sie in der Zwischenzeit die Jalapeño, den Spinat und die Frühlingszwiebel. Schneiden Sie alles in kleine gleich große Stücke.

4 Gießen Sie Mais und Bohnen durch ein Sieb ab und spülen Sie sie mit klarem Wasser ab.

5 Vermengen Sie Jalapeño, Spinat, Frühlingszwiebel, Bohnen, Mais und die Hälfte von dem Käse miteinander.

6 Füllen Sie die Tortillas mit der Füllung, rollen Sie sie fest ein und legen Sie sie mit der Naht nach unten in eine passende Auflaufform.

7 Geben Sie die Tomatensoße gleichmäßig über die Tortillas und streuen Sie den übrigen Käse darüber.

8 Backen Sie das Ganze für 5 bis 10 Minuten im vorgeheizten Backofen.

Tipp: Geeignet für Phase 3.

TERIYAKI-TOFU-SPIEßE MIT ANANAS UND PAPRIKA

8 Port.

30 Min.

Leicht

Zutaten

Für die Spieße:
600 g Tofu
200 g frische Ananas
Je 1 rote und grüne Paprika
1 rote Zwiebel

Für die Marinade:
100 ml Sojasoße
50 ml Ananassaft
50 g Rohrzucker
2 Zehen Knoblauch
Je 1 Prise Meersalz und Pfeffer

Zum Garnieren:
2 Frühlingszwiebeln

Nährwerte p. P.

281 kcal
22 g Kohlenhydrate
9 g Fett
11 g Eiweiß

Tipp: Geeignet für Phase 3.

1 Vermengen Sie zunächst alle Zutaten für die Marinade miteinander. Dabei sollte sich der Zucker vollständig auflösen. Stellen Sie die Marinade für 30 Minuten in den Kühlschrank.

2 Bereiten Sie in der Zwischenzeit die Zutaten für die Spieße vor. Waschen und schneiden Sie Tofu, Ananas, Paprika und Zwiebel in gleich große Stücke.

3 Spießen Sie die Zutaten abwechselnd auf lange Spieße auf. Pinseln Sie diese jetzt mit der Marinade ein. Die Spieße eignen sich sowohl für den Grill als auch für die Pfanne.

4 Waschen und schneiden Sie die Frühlingszwiebeln in dünne Ringe.Garnieren Sie die gegarten Spieße mit den Frühlingszwiebeln.

HONIG-PROTEIN-BÄLLCHEN MIT HAFERFLOCKEN

6 Port.

5 Min.

Leicht

Zutaten

½ EL Nussbutter
3 EL Haferflocken
½ EL Honig
½ EL dunkle Schoko-Chips

Nährwerte p. P.

39 kcal
5 g Kohlenhydrate
1 g Fett
8 g Eiweiß

1 Vermengen Sie alle Zutaten miteinander und formen Sie daraus 6 Bällchen.

2 Stellen Sie sie 30 Minuten lang kalt.

Tipp: Geeignet für Phase 2 und 3.

PROTEIN-APFELSPALTEN

1 Port.

5 Min.

Leicht

Zutaten

2 EL Nussmus
1 Apfel
1 EL gemahlene Mandeln

Nährwerte p. P.

31 kcal
8 g Kohlenhydrate
2 g Fett
8 g Eiweiß

Tipp: Geeignet für Phase 3.

1 Waschen Sie den Apfel und schneiden Sie ihn in dünne Spalten.

2 Bestreichen Sie sie mit dem Nussmus und wenden Sie diese in den Mandeln.

Desserts

PROTEIN-BROWNIES

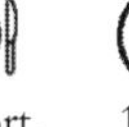

15 Port. 1 Std. Leicht

Zutaten

10 Eigelbe
130 g Zucker
70 g brauner Zucker
1 Pk. Vanillezucker
100 g Butter
150 g Mehl
1 Pk. Backpulver
20 g Backkakao
100 ml Milch

Optional:
30 g Schokoraspeln

Nährwerte p. P.

258 kcal
48 g Kohlenhydrate
20 g Fett
29 g Eiweiß

1 Heizen Sie den Backofen auf 180 Grad Umluft vor.

2 Schmelzen Sie die Butter in der Mikrowelle oder in einem kleinen Topf. Vermengen Sie jetzt alle Zutaten zu einem zähflüssigen Teig.

3 Fetten Sie ein tiefes Backblech mit etwas Butter ein oder legen Sie es mit Backpapier aus. Verteilen Sie den Teig gleichmäßig darin.

4 Backen Sie ihn für ca. 20 Minuten aus. Lassen Sie ihn im Anschluss gut abkühlen.

5 Schneiden Sie ihn jetzt in ca. 15 gleich große Stücke.

Tipp: Geeignet für Phase 2 (püriert) und 3.

SCHNELLE COOKIES MIT BANANE

12 Port. 30 Min. Leicht

Zutaten

4 Bananen
200 g Haferflocken
2 EL Nuss-Mix, geröstet und gesalzen
2 EL Honig

Optional:
1 Prise Zimt

Nährwerte p. P.

119 kcal
21 g Kohlenhydrate
3 g Fett
3 g Eiweiß

1 Heizen Sie den Backofen auf 175 Grad Ober-/Unterhitze vor. Legen Sie ein Backblech mit Backpapier aus.

2 Schälen Sie die Bananen. Zerkleinern Sie sie mit einer Gabel. Geben Sie alle Zutaten in eine große Schüssel und kneten Sie daraus einen festen Teig.

3 Formen Sie aus dem Teig 12 runde Cookies und legen Sie diese auf das Backblech.

4 Backen Sie die Cookies 20 Minuten lang im vorgeheizten Backofen. Lassen Sie sie auf einem Kuchengitter abkühlen.

Tipp: Geeignet für Phase 3.

SÜẞKARTOFFEL-MUFFINS MIT BANANE

12 Port.

1 Std.

Leicht

Zutaten

1 große Süßkartoffel
2 Bananen
2 Eier
100 ml Rapsöl
100 ml Naturjoghurt
100 g gemahlene Mandeln
1 Prise Zimt
1 ½ TL Backpulver
1 EL Puderzucker

Nährwerte p. P.

237 kcal
23 g Kohlenhydrate
14 g Fett
5 g Eiweiß

Tipp: Geeignet für Phase 3.

1 Schälen Sie die Süßkartoffel und raspeln Sie sie.

2 Heizen Sie den Backofen auf 180 Grad Umluft vor.

3 Vermengen Sie die geraspelte Süßkartoffel mit der geschälten Banane. Zerdrücken Sie die Mischung mit einer Gabel.

4 Rühren Sie jetzt Eier, Rapsöl, Naturjoghurt, Mandeln, Zimt und Backpulver unter. Sollte der Teig zu fest sein, geben Sie etwas Wasser hinzu.

5 Verteilen Sie den Teig auf 12 Muffinformen und geben Sie diese in eine entsprechende Backform. Backen Sie die Muffins für 15 bis 20 Minuten.

6 Lassen Sie sie in der Backform auskühlen und bestreuen Sie sie anschließend mit dem Puderzucker.

VANILLEWAFFELN MIT SKYR

4 Port.

25 Min.

Leicht

Zutaten

2 Eier
1 Prise Salz
3 EL brauner Zucker
1 Pk. Vanillezucker
150 g Dinkelmehl
100 g Skyr
½ TL Backpulver
80 ml Milch

Außerdem:
Öl für das Waffeleisen

Nährwerte p. P.

279 kcal
46 g Kohlenhydrate
4 g Fett
12 g Eiweiß

1 Trennen Sie die Eier. Schlagen Sie das Eiwe Trennen Sie die Eier. Schlagen Sie das Eiweiß steif. Schlagen Sie Eigelb, Salz, Zucker und Vanillezucker schaumig auf.

2 Geben Sie die übrigen Zutaten hinzu und rühren Sie sie unter. Heben Sie zum Abschluss das steif geschlagene Eiweiß unter.

3 Fetten Sie das Waffeleisen mit ausreichend Öl ein. Verarbeiten Sie den Teig nach und nach im Waffeleisen.iß steif. Schlagen Sie Eigelb, Salz, Zucker und Vanillezucker schaumig auf.

4 Geben Sie die übrigen Zutaten hinzu und rühren Sie sie unter. Heben Sie zum Abschluss das steif geschlagene Eiweiß unter.

5 Fetten Sie das Waffeleisen mit ausreichend Öl ein. Verarbeiten Sie den Teig nach und nach im Waffeleisen.

Tipp: Geeignet für Phase 2 bis 3.

APFEL-KOKOS-KUCHEN MIT MANDELN

1 Port.

45 Min.

Leicht

Zutaten

115 g Butter
100 g Frischkäse
1 TL Vanilleextrakt
90 g Erythrit (Zuckerersatz)
4 Eier
120 g Mandelmehl
50 g Kokosraspeln
1 TL Backpulver
1 TL Zimt
1 Prise Salz
1 ½ Äpfel
1 EL Zitronensaft
1 TL Puderzucker

Nährwerte p. P.

312 kcal
20 g Kohlenhydrate
24 g Fett
7 g Eiweiß

Tipp: Geeignet für Phase 3.

1 Heizen Sie den Backofen auf 175 Grad Umluft vor.

2 Schmelzen Sie die Butter. Vermengen Sie Butter, Frischkäse, Vanilleextrakt und Erythrit miteinander.Rühren Sie nach und nach die Eier, Mehl, Kokosraspeln, Backpulver, Zimt und Salz unter.

3 Schälen Sie die Äpfel und vierteln Sie sie. Entfernen Sie dabei das innere Gehäuse und die Kerne. Beträufeln Sie die Apfelstücke mit dem Zitronensaft.

4 Heben Sie sie kurz unter den Teig. Füllen Sie den Teig in eine eingefettete oder mit Backpapier ausgelegte Springform.

5 Backen Sie den Kuchen für ca. 35 Minuten im vorgeheizten Backofen. Lassen Sie ihn vollständig in der Form auskühlen.

6 Bestäuben Sie ihn im Anschluss mit dem Puderzucker und schneiden Sie ihn in 10 gleich große Stücke.

GRIEßPUDDING

4 Port.

25 Min.

Leicht

Zutaten

1 L Milch
1 Ei
6 EL Weichweizengrieß
4 EL Zucker
1 Pk. Vanillezucker

Nährwerte p. P.

270 kcal
31 g Kohlenhydrate
11 g Fett
9 g Eiweiß

1 Geben Sie die Milch in einen kleinen Topf und erhitzen Sie sie langsam. Trennen Sie das Ei und geben Sie das Eigelb zur Milch.

2 Rühren Sie jetzt Grieß, Zucker und Vanillezucker unter. Erhitzen Sie die Milch unter ständigem Rühren weiter.

3 Köcheln Sie den Grießpudding kurz auf, rühren Sie dabei immer weiter um, damit nichts anbrennt.

4 Nehmen Sie den Topf vom Herd, füllen Sie den Grießpudding um und lassen Sie ihn an einem kühlen Ort abkühlen. Erst durch das Abkühlen wird der Pudding fester.

5 Garnieren Sie den Pudding nach Belieben mit Obst, Obstmus oder Zucker.

Tipp: Je mehr Milch Sie beim Kochen verwenden, desto flüssiger wird der Pudding. Geeignet für Phase 2 bis 3.

Getränke, Smoothies und Shakes

BANANEN-SHAKE MIT KAKAO

1 Port.

5 Min.

Leicht

Zutaten

1 Banane
1 EL Erdnussbutter
1 bis 2 EL Kakao
100 ml eiskaltes Wasser

Nährwerte p. P.

120 kcal
14 g Kohlenhydrate
3 g Fett
15 g Eiweiß

1 Schälen Sie die Banane. Pürieren Sie alle Zutaten in einem Standmixer.

2 Servieren Sie den Shake eiskalt. Optional mit einigen Eiswürfeln.

Tipp: Geeignet für Phase 1 bis 3.

BANANEN-SPLIT MIT SPINAT

1 Port.

5 Min.

Leicht

Zutaten

1 EL Mandelbutter
1 Becher griechischer Joghurt
1 Banane
80 ml Wasser
1 Msp. Vanillepulver
1 große Handvoll Spinat

Nährwerte p. P.

394 kcal
40 g Kohlenhydrate
8 g Fett
20 g Eiweiß

1 Schälen Sie die Banane und halbieren Sie sie. Geben Sie die Hälfte der Banane mit den übrigen Zutaten in einen Standmixer und pürieren Sie sie zu einem schaumigen Smoothie.

2 Schneiden Sie die andere Hälfte der Banane in dünne Scheiben und servieren Sie sie zu dem Bananen-Split.

Tipp: Lassen Sie die Bananenstücke in Phase 1 weg. Geeignet für Phase 1 bis 3.

BEEREN-SMOOTHIE MIT AVOCADO

1 Port. 5 Min. Leicht

Zutaten

½ Avocado
50 g Blaubeeren
10 Erdbeeren
1 Becher griechischer Joghurt
150 ml Milch
1 TL Honig

Nährwerte p. P.

436 kcal
22 g Kohlenhydrate
26 g Fett
12 g Eiweiß

1 Entkernen Sie die Avocado und entnehmen Sie das Fruchtfleisch.

2 Waschen und putzen Sie die Beeren.

3 Geben Sie alle Zutaten in einen Standmixer und pürieren Sie sie sorgfältig.

Tipp: Geeignet für Phase 1 bis 3.

KOKOS-PROTEIN-SHAKE MIT MANDELN

1 Port.

20 Min.

Leicht

Zutaten

200 ml Milch
2 EL Mandelbutter
2 EL Kakao
1 Becher griechischer Joghurt
1 Banane
2 EL gemahlene Mandeln
2 EL Kokosraspeln

Nährwerte p. P.

440 kcal
19 g Kohlenhydrate
13 g Fett
10 g Eiweiß

1 Schälen Sie die Banane. Geben Sie alle Zutaten in einen Standmixer und pürieren Sie sie.

2 Garnieren Sie den Shake optional mit einigen Bananenscheiben und Kokosraspeln.

Tipp: Geeignet für Phase 1 bis 3.

GRÜNER TOFU-SMOOTHIE MIT FELDSALAT

 1 Port.

 5 Min.

 Leicht

Zutaten

130 ml Gemüsebrühe
40 g Römersalat
1 Handvoll Feldsalat
75 g Seidentofu
1 EL Erdnussbutter

Nährwerte p. P.

120 kcal
3 g Kohlenhydrate
8 g Fett
9 g Eiweiß

1 Waschen Sie den Salat gründlich ab und lassen Sie ihn abtropfen.

2 Geben Sie alle Zutaten in einen Standmixer und pürieren Sie sie sorgfältig.

HEIDELBEER-SMOOTHIE

2 Port.

5 Min.

Leicht

Zutaten

1 Banane
150 g Heidelbeeren, tiefgefroren
150 g Brombeeren, tiefgefroren
200 ml Kokoswasser
1 EL Agavendicksaft

Nährwerte p. P.

143 kcal
30 g Kohlenhydrate
1 g Fett
5 g Eiweiß

1 Schälen Sie die Banane. Lassen Sie die Beeren einige Minuten antauen.

2 Geben Sie alle Zutaten in einen Standmixer und pürieren Sie sie.

3 Verteilen Sie den Smoothie auf zwei Gläser.

Soßen, Cremes & Dips

MARMELADE OHNE ZUCKER

200 g | 10 Min. | Leicht

Zutaten

150 g Beeren nach Wahl
3 Datteln, getrocknet

Nährwerte p. P.

29 kcal
6 g Kohlenhydrate
0 g Fett
1 g Eiweiß

1 Waschen und pürieren Sie die Beeren sorgsam. Geben Sie die Datteln hinzu und pürieren Sie die Mischung noch einmal.

2 Füllen Sie das Ganze in einen kleinen Topf und köcheln Sie die Marmelade für 5 Minuten kräftig auf.

3 Geben Sie sie in ein sauberes Schraubglas und verschließen Sie es. Lassen Sie die Marmelade im geschlossenen Glas abkühlen.

Tipp: Geeignet für Phase 2 und 3.

APRIKOSENMARMELADE

150 g | 10 Min. | Leicht

Zutaten

80 g Aprikosen, getrocknet
100 ml Wasser

Nährwerte p. P.

28 kcal
4 g Kohlenhydrate
0 g Fett
1 g Eiweiß

1 Pürieren Sie Wasser und Aprikosen in einem Standmixer. Achten Sie dabei darauf, dass keinerlei Stücke mehr vorhanden sind.

2 Köcheln Sie die Mischung ca. 5 Minuten lang kräftig auf. Füllen Sie sie heiß in saubere Schraubgläser und verschließen Sie diese.

Tipp: Geeignet für Phase 2 und 3.

KAKAO-HASELNUSS-MUS

250 g

20 Min.

Leicht

Zutaten

200 g Haselnüsse
3 EL Kakaopulver
1 Msp. Vanille-Bourbon-Pulver
2 EL Kokosöl
3 Datteln, getrocknet

Nährwerte p. P.

90 kcal
11 g Kohlenhydrate
3 g Fett
7 g Eiweiß

1 Heizen Sie den Backofen auf 180 Grad Ober-/Unterhitze vor. Backen Sie die Haselnüsse darin für 10 Minuten. Lassen Sie sie im Anschluss kurz abkühlen.

2 Lösen Sie jetzt die Schale der Haselnüsse durch Aneinanderreiben ab. Geben Sie die Nüsse in einen Standmixer und pürieren Sie sie für 2 Minuten. Wiederholen Sie diesen Vorgang, falls notwendig.

3 Geben Sie jetzt die Datteln hinzu und pürieren Sie sie eine weitere Minute mit. Rühren Sie jetzt die übrigen Zutaten unter und erhitzen Sie das Mus für 2 Minuten, ohne es aufzukochen.

4 Füllen Sie es in ein sauberes Schraubglas um.

Tipp: Geeignet für Phase 2 bis 3.

Bonus: 30 Tage Ernährungsplan (Phase 3)

WOCHE 1

Tag 1:

- Frühstück: Pfannkuchen mit Beeren-Quark-Füllung
- Mittagessen: Griechische Quinoa-Salat-Bowl mit Hummus-Dressing
- Abendessen: Süßkartoffel-Boote mit BBQ-Hähnchen und Tomaten-Salsa
- Snack: Honig-Protein-Bällchen mit Haferflocken
- Getränk: Beeren-Smoothie mit Avocado

Tag 2:

- Frühstück: Porridge mit Keksen und gebackener Banane
- Mittagessen: Cremige Kürbis-Kokos-Suppe mit gerösteten Kürbiskernen
- Abendessen: Miso-glasierte Lachsfilets mit gedämpftem Pak Choi
- Snack: Protein-Apfelspalten
- Getränk: Kokos-Protein-Shake mit Mandeln

Tag 3:

- Frühstück: Protein-French-Toast
- Mittagessen: Thailändischer Glasnudel-Salat mit geröstetem Erdnuss-Tofu
- Abendessen: Harissa-Hühnchen mit geröstetem Gemüse und Couscous
- Snack: Hähnchen-Satay-Spieße mit Erdnuss-Dip und Gurkensalat
- Getränk: Grüner Tofu-Smoothie mit Feldsalat

Tag 4:

- Frühstück: Griechischer Joghurt-Pfannkuchen mit gerösteten Walnüssen und Ahornsirup
- Mittagessen: Schnelle Paprikasuppe mit Honig
- Abendessen: Thai-Kokos-Curry mit Garnelen und Gemüse
- Snack: Lachs-Spinat-Rolle mit Frischkäse und Dill
- Getränk: Heidelbeer-Smoothie

Tag 5:

- Frühstück: Zitronen-Ricotta-Pfannkuchen mit Blaubeer-Soße
- Mittagessen: Balsamico-glasierte Hähnchenbrust mit Erdbeer-Rucola-Salat
- Abendessen: Rote-Bete-Risotto mit Ziegenkäse und Walnüssen
- Snack: Protein-Brownies
- Getränk: Bananen-Shake mit Kakao

Tag 6:

- Frühstück: Protein-Frühstück mit Quark und Obst
- Mittagessen: Käsesuppe nach Allgäuer Art
- Abendessen: Scharfes Rinderfilet mit Brokkoli-Röschen in Knoblauch-Chili-Soße
- Snack: Teriyaki-Tofu-Spieße mit Ananas und Paprika
- Getränk: Bananen-Split mit Spinat

Tag 7:

- Frühstück: Pfannkuchen mit Beeren-Quark-Füllung
- Mittagessen: Quinoa-Salat mit gerösteten Kichererbsen, Granatapfelkernen und Minze
- Abendessen: Mediterrane Lachs-Papilloten mit Tomaten-Oliven-Salsa
- Snack: Süßkartoffel-Muffins mit Banane
- Getränk: Beeren-Smoothie mit Avocado

WOCHE 2

Tag 8:

- Frühstück: Porridge mit Keksen und gebackener Banane
- Mittagessen: Kräftige Knoblauchsuppe mit Petersilie-Croûtons
- Abendessen: Gebackene Auberginen-Röllchen mit Spinat und Ricotta
- Snack: Honig-Protein-Bällchen mit Haferflocken
- Getränk: Kokos-Protein-Shake mit Mandeln

Tag 9:

- Frühstück: Protein-French-Toast
- Mittagessen: Asiatischer Rinderhackfleisch-Salat mit Sesam-Dressing
- Abendessen: Zitronen-Kräuter-Hähnchen mit gebackenem Spargel
- Snack: Hähnchen-Enchiladas mit Mais und schwarzen Bohnen in grüner Soße
- Getränk: Grüner Tofu-Smoothie mit Feldsalat

Tag 10:

• Frühstück: Griechischer Joghurt-Pfannkuchen mit gerösteten Walnüssen und Ahornsirup
• Mittagessen: Gemüse-Reis-Suppe mit Hähnchen
• Abendessen: Gebackene Süßkartoffel-Wedges mit griechischem Joghurt-Dip und Minze
• Snack: Protein-Apfelspalten
• Getränk: Heidelbeer-Smoothie

Tag 11:

• Frühstück: Zitronen-Ricotta-Pfannkuchen mit Blaubeer-Soße
• Mittagessen: Schnelle Brokkolisuppe
• Abendessen: Thai-Kokos-Curry mit Garnelen und Zuckerschoten
• Snack: Teriyaki-Tofu-Spieße mit Ananas und Paprika
• Getränk: Heidelbeer-Smoothie

Tag 12:

• Frühstück: Protein-Frühstück mit Quark und Obst
• Mittagessen: Kartoffelsalat ohne Mayo
• Abendessen: Gefüllte Portobello-Pilze mit Spinat, Feta und Pinienkernen vom Grill
• Snack: Protein-Brownies
• Getränk: Bananen-Shake mit Kakao

Tag 13:

• Frühstück: Pfannkuchen mit Beeren-Quark-Füllung
• Mittagessen: Halloumi-Käse mit Wassermelonen-Salat
• Abendessen: Scharfes thailändisches Basilikum-Hähnchen mit Jasminreis und Spiegelei
• Snack: Hähnchen-Satay-Spieße mit Erdnuss-Dip und Gurkensalat
• Getränk: Beeren-Smoothie mit Avocado

Tag 14:

• Frühstück: Porridge mit Keksen und gebackener Banane
• Mittagessen: Griechische Quinoa-Salat-Bowl mit Hummus-Dressing
• Abendessen: Pilz-Risotto mit Trüffelöl und Parmesan-Chips
• Snack: Süßkartoffel-Muffins mit Banane
• Getränk: Grüner Tofu-Smoothie mit Feldsalat

WOCHE 3

Tag 15:

- Frühstück: Protein-French-Toast
- Mittagessen: Thailändischer Glasnudel-Salat mit geröstetem Erdnuss-Tofu
- Abendessen: Gegrillte Jakobsmuscheln mit Mango-Avocado-Salsa
- Snack: Honig-Protein-Bällchen mit Haferflocken
- Getränk: Kokos-Protein-Shake mit Mandeln

Tag 16:

- Frühstück: Griechischer Joghurt-Pfannkuchen mit gerösteten Walnüssen und Ahornsirup
- Mittagessen: Balsamico-glasierte Hähnchenbrust mit Erdbeer-Rucola-Salat
- Abendessen: Harissa-Hühnchen mit geröstetem Gemüse und Couscous
- Snack: Lachs-Spinat-Rolle mit Frischkäse und Dill
- Getränk: Heidelbeer-Smoothie

Tag 17:

- Frühstück: Zitronen-Ricotta-Pfannkuchen mit Blaubeer-Soße
- Mittagessen: Käsesuppe nach Allgäuer Art
- Abendessen: Tofu-Reis-Pfanne mit Gemüse
- Snack: Protein-Brownies
- Getränk: Bananen-Split mit Spinat

Tag 18:

- Frühstück: Protein-Frühstück mit Quark und Obst
- Mittagessen: Schnelle Paprikasuppe mit Honig
- Abendessen: Miso-glasierte Lachsfilets mit gedämpftem Pak Choi
- Snack: Hähnchen-Enchiladas mit Mais und schwarzen Bohnen in grüner Soße
- Getränk: Grüner Tofu-Smoothie mit Feldsalat

Tag 19:

- Frühstück: Pfannkuchen mit Beeren-Quark-Füllung
- Mittagessen: Cremige Kürbis-Kokos-Suppe mit gerösteten Kürbiskernen
- Abendessen: Mediterrane Quinoa-Stuffing-Paprika mit Feta und Oliven
- Snack: Protein-Apfelspalten
- Getränk: Heidelbeer-Smoothie

Tag 20:

- Frühstück: Porridge mit Keksen und gebackener Banane
- Mittagessen: Asiatischer Rinderhackfleisch-Salat mit Sesam-Dressing
- Abendessen: Zitronen-Kräuter-Hähnchen mit gebackenem Spargel
- Snack: Teriyaki-Tofu-Spieße mit Ananas und Paprika
- Getränk: Bananen-Shake mit Kakao

Tag 21:

- Frühstück: Protein-French-Toast
- Mittagessen: Quinoa-Salat mit gerösteten Kichererbsen, Granatapfelkernen und Minze
- Abendessen: Gebackene Auberginen-Röllchen mit Spinat und Ricotta
- Snack: Süßkartoffel-Muffins mit Banane
- Getränk: Kokos-Protein-Shake mit Mandeln

WOCHE 4

Tag 22:

- Frühstück: Griechischer Joghurt-Pfannkuchen mit gerösteten Walnüssen und Ahornsirup
- Mittagessen: Kräftige Knoblauchsuppe mit Petersilie-Croûtons
- Abendessen: Thai-Kokos-Curry mit Garnelen und Zuckerschoten
- Snack: Honig-Protein-Bällchen mit Haferflocken
- Getränk: Grüner Tofu-Smoothie mit Feldsalat

Tag 23:

- Frühstück: Zitronen-Ricotta-Pfannkuchen mit Blaubeer-Soße
- Mittagessen: Schnelle Brokkolisuppe
- Abendessen: Zucchini-Nudeln mit Hähnchen in cremiger Avocado-Soße
- Snack: Lachs-Spinat-Rolle mit Frischkäse und Dill
- Getränk: Heidelbeer-Smoothie

Tag 24:

- Frühstück: Protein Frühstück mit Quark und Obst
- Mittagessen: Gemüse-Reis-Suppe mit Hähnchen
- Abendessen: Gebackene Süßkartoffel-Wedges mit griechischem Joghurt-Dip und Minze
- Snack: Protein-Brownies
- Getränk: Bananen-Split mit Spinat

Tag 25:

- Frühstück: Pfannkuchen mit Beeren-Quark-Füllung
- Mittagessen: Halloumi-Käse mit Wassermelonen-Salat
- Abendessen: Süßkartoffel-Hash mit pochierten Eiern und Avocado
- Snack: Hähnchen-Satay-Spieße mit Erdnuss-Dip und Gurkensalat
- Getränk: Beeren-Smoothie mit Avocado

Tag 26:

- Frühstück: Porridge mit Keksen und gebackener Banane
- Mittagessen: Balsamico-glasierte Hähnchenbrust mit Erdbeer-Rucola-Salat
- Abendessen: Mediterrane Lachs-Papilloten mit Tomaten-Oliven-Salsa
- Snack: Teriyaki-Tofu-Spieße mit Ananas und Paprika
- Getränk: Kokos-Protein-Shake mit Mandeln

Tag 27:

- Frühstück: Protein-French-Toast
- Mittagessen: Kartoffelsalat ohne Mayo
- Abendessen: Scharfes thailändisches Basilikum-Hähnchen mit Jasminreis und Spiegelei
- Snack: Protein-Apfelspalten
- Getränk: Bananen-Shake mit Kakao

Tag 28:

- Frühstück: Griechischer Joghurt-Pfannkuchen mit gerösteten Walnüssen und Ahornsirup
- Mittagessen: Thailändischer Glasnudel-Salat mit geröstetem Erdnuss-Tofu
- Abendessen: Zucchini-Pasta mit Avocado-Pesto und gerösteten Cherrytomaten
- Snack: Süßkartoffel-Muffins mit Banane
- Getränk: Heidelbeer-Smoothie

WOCHE 5

Tag 29:

- Frühstück: Zitronen-Ricotta-Pfannkuchen mit Blaubeer-Soße
- Mittagessen: Griechische Quinoa-Salat-Bowl mit Hummus-Dressing
- Abendessen: Miso-glasierte Lachsfilets mit gedämpftem Pak Choi
- Snack: Hähnchen-Enchiladas mit Mais und schwarzen Bohnen in grüner Soße
- Getränk: Grüner Tofu-Smoothie mit Feldsalat

Tag 30:

- Frühstück: Protein-Frühstück mit Quark und Obst
- Mittagessen: Cremige Kürbis-Kokos-Suppe mit gerösteten Kürbiskernen
- Abendessen: Gefüllte Paprika mit Quinoa, schwarzen Bohnen und Mais
- Snack: Protein-Brownies
- Getränk: Bananen-Split mit Spinat